김대리의 데일리 뜨개

누구나 쉽게 완성하는 감각적인 니트와 소품 14

김대리의 데일리 뜨개

바늘이야기 김대리 지음

· DAILY KNITTING ·

웅진 리빙하우스

PROLOGUE

저는 그 누구보다 대중적이고 평범한 취향을 가지고 있습니다. 호불호 없이, 연령이나 스타일에 구애받지 않는 간결함과 데일리함을 추구합니다. 그래서 저는 스타일이 없는 사람이라고 생각했어요. 그런데 세 번째 책에 들어가는 작품을 쭉 늘어놓고 보니, 이제는 김대리 스타일이라는게 눈에 보이기 시작했어요. 무채색을 좋아하고, 포인트 컬러로는 항상 파스텔 블루 색상이나 초록색, 와인색을 사용합니다. 저는 너무 붙는 핏보다는 넉넉한 핏을 좋아하고, 자투리 실을 즐겨 사용해요. 생각없이 뜨는 걸 좋아해서 도안을 복잡하게 만들지 않으려고 노력한 티가 나요. 이 책에는 제가 좋아하는 것들을 다양하게 담았어요. 겉뜨기와 안뜨기 질감 변화만으로 무늬를 만든 고요 스웨터, 12단 반복이 잘 외워져서 뜨는 과정이 정말 재밌는 블랙베리 아란 스웨터와 카디건, 자투리 실을 넣어 활용할 수 있는 어디서도 본 적 없는 패딩 목도리 등 뜨개인의 마음을 이해하며 만든 도안을 만나볼 수 있답니다.

탑다운 스웨터를 만들 때에는 사이즈가 커질수록 진동 길이만 너무 길어지지 않게, 계산을 통해 적절한 비율로 사이즈가 조정될 수 있도록 만들었고 바텀업 스웨터를 만들 때에는 바텀업만의 소매산이 줄 수 있는 예쁜 핏을 마음껏 느낄 수 있도록 정확한 계산 값을 통해 소매산 높이를 세팅하여 도안을 만들었어요. 민소매 티나 소품류는 완성도를 높일 수 있는 마감 처리 방식을 택해서 완성품 만족도가 높을 거예요. 코잡기, 코막음 등과 같은 작은 디테일 부분도 모두 세심하게 고려하여 작품마다 설정해두었습니다.

제가 만들면서도 재밌었던 도안들을 여러분들과 함께 나눌 수 있어 기쁩니다. 많이 사랑해주시고 즐겨주세요. 작품마다 좌측 상단에 QR 코드를 넣어 동영상과 참고 자료 페이지를 첨부했습니다. 혹시 모를 오류나 도안 관련 정보를 한눈에 볼 수 있게 정리했으니 유용하게 사용하시기 바랍니다.

CONTENTS

PROLOGUE **004**

이 책을 보는 방법 **054**

PART 01
뜨개를 시작하기 전에

뜨개 기본 도구 **058**

실 **060**

게이지 이해하기 **062**

도안 읽기 **069**

PART 02
대바늘 뜨개 기초 기법

01 코잡기 **072**

02 겉뜨기 **074**

03 안뜨기 **075**

04 코막음 **076**

05 k2tog(코줄임) **077**

06 ssk(코줄임) **078**

07 kfb(겉뜨기 코늘림) **079**

08 pfb(안뜨기 코늘림) **080**

09 M1L(왼코 늘리기-겉뜨기) **081**

10 M1R(오른코 늘리기-겉뜨기) **082**

11 M1L(안)(왼코 늘리기-안뜨기) **083**

12 M1R(안)(오른코 늘리기-안뜨기) **084**

13 코에서 코줍기 **085**

14 단에서 코줍기 **087**

15 바늘비우기 **088**

16 1코 고무단 돗바늘 마무리 **089**

17 원통뜨기 및 매직 루프 **091**

18 소매 분리 **091**

19 컨티넨탈 뜨기 및 코 빠졌을 때 대처법 **091**

PART 03
만드는 법

01

베지터블 래글런 스웨터
094

02

고요 스웨터
102

03

드롭숄더 탑다운 스웨터
126

04

블랙베리 아란 카디건
132

블랙베리 아란 스웨터
154

조각 스웨터
174

얼티밋 새들숄더
184

브리오쉬 하프 집업
192

베지터블 테일러탑
202

이어 플랩 햇
208

메리노블렌드 비니 장갑
214

메리노블렌드 세일러 스카프
220

더블니팅 패딩 목도리
224

데일리 숏 비니
228

daily knitting 01

베지터블 래글런 스웨터

시원한 느낌을 주는 여성스러운 실루엣의 스웨터예요.
래글런과 목둘레의 아일렛 무늬가 포인트랍니다.

작품 뜨는 법 ▶ 094쪽 | 실 ▶ 베지터블

VEGETABLE RAGLAN SWEATER

daily knitting 02

고요 스웨터

겉뜨기와 안뜨기를 이용해 문양을 낸 스웨터예요.
들어가고 튀어나오는 질감으로 독특한 느낌을 냈습니다.

작품 뜨는 법 ▶ 102쪽 | **실** ▶ 테디울

GOYO SWEATER

daily knitting 03

드롭숄더 탑다운 스웨터

다른 색의 실을 3가닥 잡아서 뜬 스웨터예요.
굵은 바늘로 떠서 귀여운 핏으로 완성했어요.

작품 뜨는 법 ▶ 126쪽 | 실 ▶메리노블렌드

DROPSHOULDER
TOPDOWN
SWEATER

daily knitting 04

블랙베리 아란 카디건

가운데 블랙베리 스티치를 기준으로 꽈배기가 배치된 세련된 무늬의 아란 카디건입니다.

작품 뜨는 법 ▶ 132쪽 | 실 ▶ 패션아란

BLACKBERRY ARAN CARDIGAN

daily knitting 05

블랙베리 아란 스웨터

블랙베리 스티치가 포인트가 되는 스웨터.
바텀업 방식으로 제작되어 완성도가 높은 스웨터입니다.

작품 뜨는 법 ▶ 154쪽 | 실 ▶ 울 아란

BLACKBERRY
ARAN
SWEATER

daily knitting 06

조각 스웨터

자투리 실로 예쁘게 만들 수 있는 스웨터예요.
28장의 조각을 이어서 나만의 스웨터를 만들어보세요.

작품 뜨는 법 ▶ 174쪽 | 실 ▶ 자투리 실

SCRAP SWEATER

daily knitting 07

얼티밋 새들숄더

배색 새들숄더가 포인트가 되는 스웨터입니다.
클래식한 핏이 어디에도 잘 어울려요.

작품 뜨는 법 ▶ 184쪽 | 실 ▶ 마제스틱

ULTIMATE SADDLE SHOULDER

daily knitting 08

브리오쉬 하프 집업

시원한 날씨에 편하게 입기 좋은 옷이에요.
브리오쉬 패턴과 칼라가 세련된 느낌을 준답니다.

작품 뜨는 법 ▶ 192쪽 | 실 ▶ 에어리코튼

BRIOCHE HALF ZIP-UP

YARN-2
YARN
CAMERA

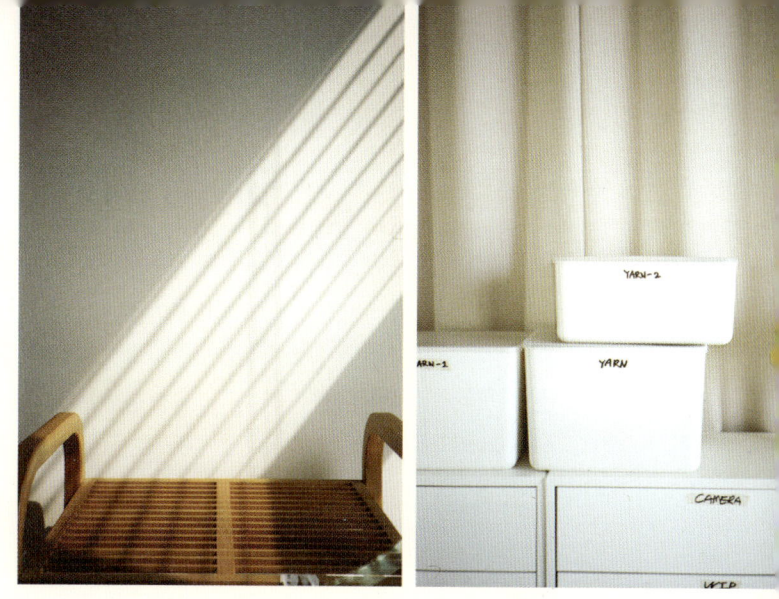

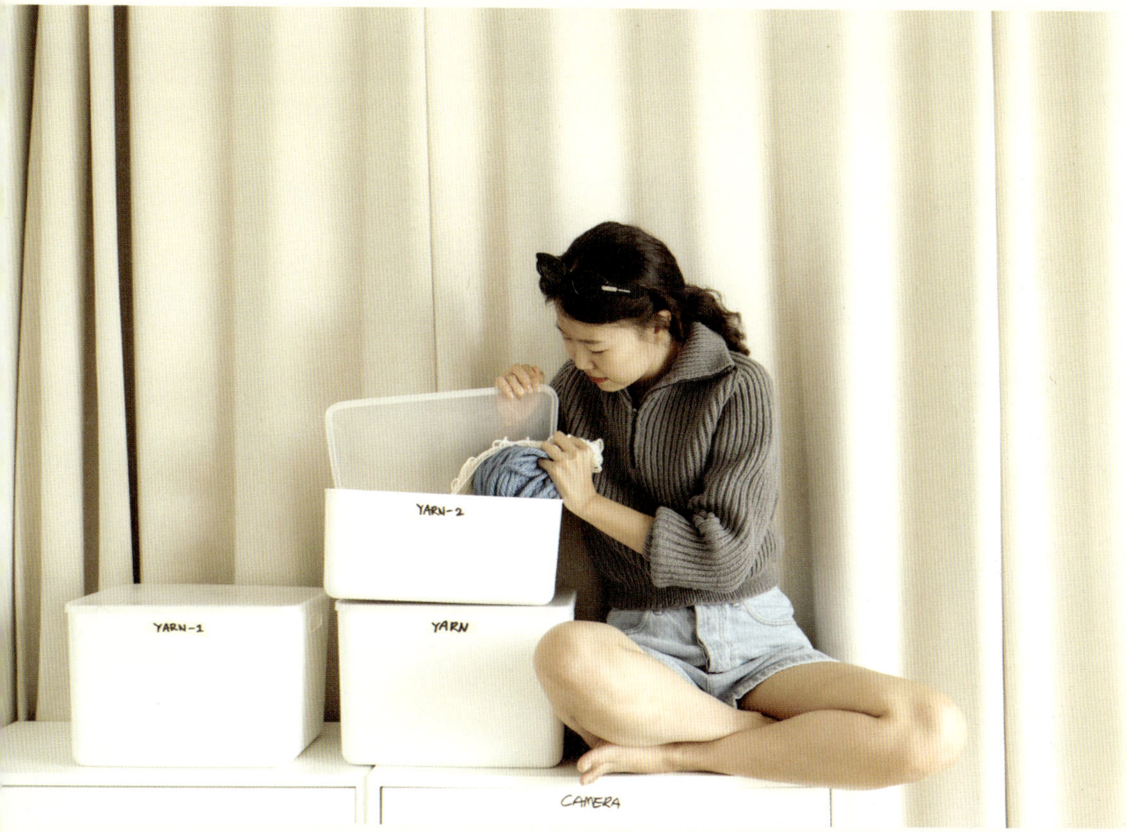
YARN-2
YARN-1
YARN
CAMERA

daily knitting 09

베지터블 테일러탑

기성복 같은 핏으로 만드는 슬리브리스 탑이에요.
속옷이 보이지 않으면서 겨드랑이가 불편하지 않아요.

작품 뜨는 법 ▶ 202쪽 | 실 ▶ 베지터블

VEGETABLE TAILOR TOP

daily knitting 10

이어 플랩 햇

통통한 테두리와 끈이 귀여운 모자입니다.
볼과 귀를 따뜻하게 덮어주는 겨울 필수품이에요.

작품 뜨는 법 ▶ 208쪽 | 실 ▶ 솔로캐시미어

EAR FLAP HAT

daily knitting 11

메리노블렌드 비니 장갑

장갑 윗부분을 덮거나 열어서 원하는 스타일을 만들어요.
손가락을 써야 할 때 편하게 열 수 있답니다.

작품 뜨는 법 ▶ 214쪽 | 실 ▶ 메리노블렌드

MERINOBLEND BEANIE MITTENS

daily knitting 12

메리노블렌드 세일러 스카프

세로 스트라이프 무늬가 세련된 스카프입니다.
다양한 색상을 조합해 나만의 스카프를 만들어보세요.

작품 뜨는 법 ▶ 220쪽 | 실 ▶ 메리노블렌드

MERINOBLEND
SAILOR
SCARF

daily knitting 13

더블니팅 패딩 목도리

패딩처럼 통통한 모양이 귀여운 머플러입니다.
어디든지 편하게 두를 수 있고 무척 따뜻해요.

작품 뜨는 법 ▶ 224쪽 | 실 ▶ 테디울

DOUBLE KNITTING
PADDING MUFFLER

daily knitting 14

데일리 숏 비니

가벼워서 머리가 눌리지 않는 비니예요.
스타일이 한결 살아나는 비니를 쉽게 만들어봐요.

작품 뜨는 법 ▶ 228쪽 | 실 ▶ 새틴 알파카 모헤어

DAILY SHORT BEANIE

이 책을 보는 방법

화보 사진을 보고 원하는 작품을 선택해요.
화보 페이지에서 필요한 실과 뜨는 법 페이지를 확인할 수 있어요.

재료와 게이지를 확인하고 뜨개를 준비해요.
도안에 대한 모든 내용은 QR을 통해 확인할 수 있어요.

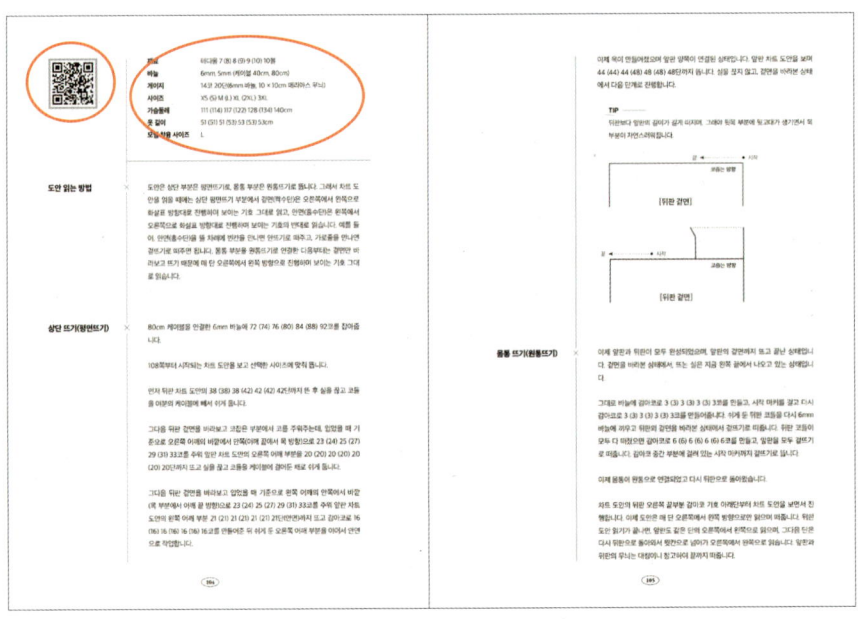

그림 도안이 있는 경우 한눈에 보면서 작품을 완성해요.

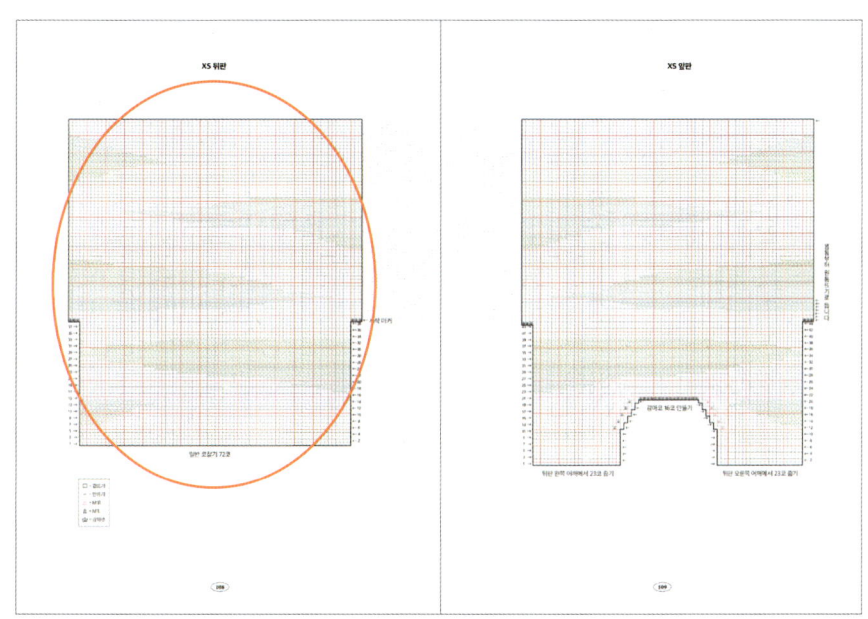

모르는 기법이 나왔다면 앞으로 돌아가 기초 기법을 확인하세요.

PART
01

· DAILY KNITTING ·

뜨개를 시작하기 전에

김대리의 데일리 뜨개

· DAILY KNITTING ·

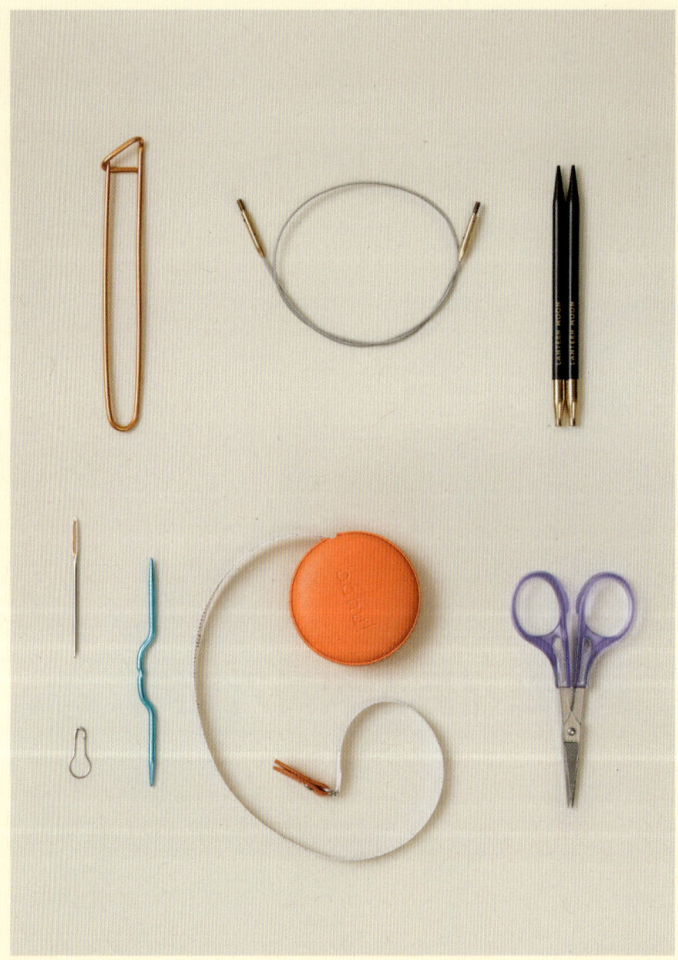

TOOLS

뜨개 기본 도구

뜨개 도구 중에 필수로 필요한 것은 생각보다 많지 않습니다. 바늘과 케이블, 줄자, 가위, 돗바늘, 마커만 있다면 모든 작품을 만들 수 있습니다. 뜨개를 편하게 도와주는 추가 도구들도 많지만, 여기에서는 이 책에서 사용한 도구를 소개합니다.

필수 재료

바늘과 케이블
조립식 바늘 혹은 일체형 줄바늘을 사용합니다. 조립식 바늘을 사용하는 경우 케이블 길이 40cm, 80cm를 주로 사용하며, 일체형 줄바늘은 80cm를 주로 사용합니다. 조립식 바늘 사용 시 스페셜 길이(10cm), 디럭스 길이(13cm)를 상황에 맞게 사용하며, 둘레가 좁은 부분(주로 목 둘레, 소매 둘레 등)에는 40cm 케이블과 스페셜 길이(10cm) 바늘을 사용합니다. 40cm 케이블에는 디럭스 길이(13cm) 바늘 사용이 불가한 점을 유의하세요. 평면뜨기나 몸통 원통뜨기 부분 등 80cm 케이블을 사용하는 부분에서는 스페셜 길이(10cm), 디럭스 길이(13cm) 바늘 모두 사용이 가능하며, 개인마다 선호하는 것을 선택하면 됩니다.

줄자
몸의 치수를 재거나, 옷의 길이를 잴 때 자주 사용하는 도구입니다.

가위
실을 자를 때 사용합니다.

돗바늘
꼬리실을 정리하거나, 코막음을 할 때 사용하는 도구입니다. 일반 바느질용 바늘과 달리 바늘귀가 크고 끝이 뭉툭합니다.

마커(단수표시링, 콧수표시링)
단에 걸어 단를 셀 때 표시하거나, 코와 코 사이를 구분할 때 사용합니다.

그 외 재료

안전핀
바텀업 스웨터의 어깨 코를 쉬게 둘 때 유용하게 사용되는 도구입니다. 자투리 실과 돗바늘로 대체가 가능합니다.

꽈배기 바늘
꽈배기가 들어가는 작품에 유용하게 사용되는 도구입니다. 꽈배기 바늘 없이도 꽈배기를 넣을 수 있는데, 방법은 동영상 안내를 통해 확인하세요!

· DAILY KNITTING ·

YARN

실

작품과 동일한 실을 사용하거나 굵기가 같은 실을 사용하는 것이 중요합니다. 실에 따라 작품의 결과물과 사이즈가 다르게 표현될 수 있으니 주의하세요. 이 책에 사용된 실을 소개합니다.

에어리코튼 코튼과 폴리가 혼방된 실입니다. 100g에 400m로 중량 대비 실 길이가 매우 길며, 실이 가볍고 촉감이 매우 부드럽습니다. 편물에 힘이 있어 무늬를 표현하기 좋은 실입니다. 세탁기 사용에도 변형이 없어 관리가 쉽습니다.

베지터블 코튼 100% 실입니다. 100g에 250m로 고슬고슬한 여름 실 특유의 촉감이 특징입니다. 완성된 편물은 차분하게 떨어져 데일리한 여름 아이템을 만들기 좋습니다. 세탁기 사용에도 변형이 없어 관리가 쉽습니다.

테디울 울, 아크릴 혼방의 굵은 실입니다. 95g에 125m로 청키한 작품을 만들기 적합한 실입니다. 촉감이 부드럽고 무늬 표현이 잘 되어 겨울 의류에 잘 어울리는 실입니다.

패션아란 울, 아크릴 혼방의 아란 굵기 실입니다. 400g에 800m로 이름처럼 아란 무늬가 잘 표현되는 실입니다. 가성비 좋은 아란 굵기의 실로, 스웨터나 카디건을 만들기 적합한 실입니다. 세탁기 사용에도 변형이 없어 관리가 쉽습니다.

메리노블렌드 울 100% 슈퍼워시 실입니다. 50g에 180m로 다양한 색상 선택지가 있습니다. 메리노 품종과 램스울 품종이 적절히 블렌드되어 러스틱하고 건조한 촉감을 가지고 있으며 서로 엉겨붙는 특성때문에 스틱(steek, 배색 후 완성된 편물을 자르는 기법)이 가능한 실입니다. 페어아일 스웨터나 배색에 적합한 실입니다. 물세탁 후 기모감이 올라오는 특징이 있습니다.

마제스틱 울, 아크릴 혼방의 dk 굵기 실입니다. 50g에 121m이며 저렴한 가격과 빈티지한 색감으로 가을겨울 스웨터나 카디건에 적합한 실입니다. 세탁기 사용에도 변형이 없어 관리가 쉽습니다.

하이소프트 코튼, 폴리가 혼방된 베이직한 실입니다. 50g에 130m로 다양한 색상과 탄탄함으로 인형이나 소품을 만들때 주로 사용되지만 촉감이 부드럽고 관리가 쉬워 옷을 뜰 때도 적합한 실입니다. 세탁기 사용에도 변형이 없어 관리가 쉽습니다.

솔로캐시미어 캐시미어 100% 실입니다. 25g에 105m로 매우 부드러운 촉감과 고급스러운 색감이 특징입니다. 피부에 직접적으로 닿는 작은 소품을 뜰 때 적합하며, 물세탁 후 기모감이 풍성하게 올라오기 때문에 완성 후 꼭 물세탁을 하는 것을 추천드립니다.

울아란 울 100% 아란 굵기의 실입니다. 100g에 180m로 이름처럼 아란 무늬가 잘 표현되는 클래식한 울 100% 실입니다. 러스틱하고 건조한 촉감의 실로, 빈티지한 아란 스웨터나 카디건을 만들기 적합한 실입니다. 물세탁 후 기모감이 올라오는 특징이 있습니다.

01 게이지 이해하기

1 게이지가 뭐예요? 게이지는 뜨개를 시작하기에 앞서 꼭 알아야 하는 '사이즈 가이드'입니다.

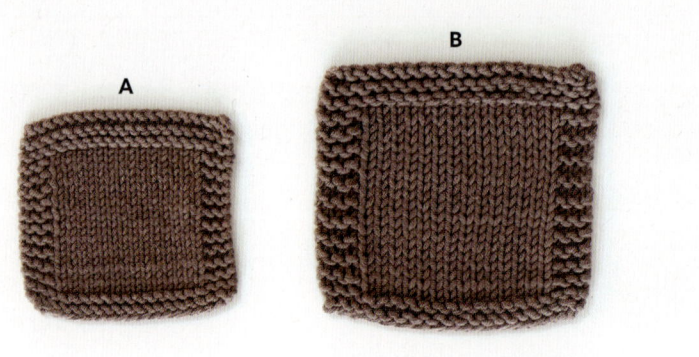

제시된 2개의 편물 조각은 서로 다른 두 사람 A와 B가 '같은 바늘, 같은 실'을 이용해 '같은 콧수와 같은 단수'를 뜬 것입니다. 일반적인 생각으로는 똑같은 조건으로 뜨면 똑같은 편물이 나와야 할 텐데 두 조각은 크기가 다릅니다. 왜 그럴까요?

바로 두 사람의 뜨는 힘이 달라서 그렇습니다. 사람마다 뜨는 힘이 다르기 때문에, 나오는 결과물의 크기도 달라지는 것이죠. 만일 이 두 사람이 게이지 측정과 계산을 하지 않은 상태에서 같은 실과 바늘을 이용해 같은 도안을 보고 옷을 뜨면, 한쪽은 아동복 사이즈가 나오고 다른 한쪽은 성인복 사이즈가 나오게 될 겁니다.

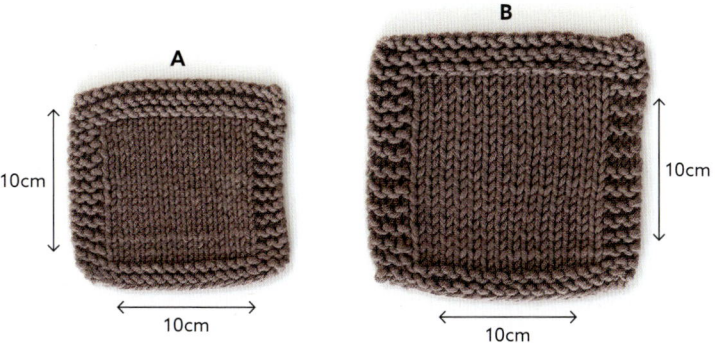

이 두 사람의 게이지를 측정해보도록 하겠습니다. A는 10cm 안에 12코, 18단이 들어가고 B는 10cm 안에 8코, 13.5단이 들어갑니다(V자 모양을 가로로 세면 코, 세로로 세면 단이 됩니다). 즉, 폭이 10cm가 되는 목도리를 뜨려면 A는 12코를 떠야 하고 B는 8코만 떠도 됩니다. 만일 A와 B가 같은 도안(예컨대, "12코를 잡고 겉뜨기로 쭉 뜨세요")을 보고 목도리를 뜬다면, A는 폭이 10cm가 되는 목도리를, B는 10cm가 넘는 목도리를 뜨게 될 것입니다.

게이지는 가로세로 10cm 안에 몇 코, 몇 단이 들어가는지 측정하는 수치입니다. 즉, 콧수와 단수를 cm 단위로 환산하는 방법입니다. 10cm 안에 들어가는 콧수와 단수를 알면, 1cm 안에 들어가는 콧수와 단수도 소수점 단위로 알 수 있고, 이것을 원하는 길이(cm)에 곱하면 원하는 콧수와 단수도 얻을 수 있는 것이지요.

콧수와 단수는 절대적인 값이 아닙니다. 외부 요인에 따라 변하는 값입니다. 예를 들어, 앞의 사진처럼 똑같이 10코를 잡아도 굵은 실은 면적이 더 넓고, 얇은 실은 면적이 훨씬 좁아지죠. 그러니 "목도리를 뜨려고 하는데 몇 코 잡아야 할까요?"라는 질문은 성립하지 않습니다. 콧수는 뜨는 힘, 사용하는 바늘과 실에 따라 변할 수 있기 때문입니다. 그래서 항상 우리가 주목해야 할 것은 cm값입니다. cm값은 외부 요인에 의해 변하지 않는 고정된 수치이니까요.

앞에서 봤던 A와 B의 게이지로 돌아가볼게요. A와 B가 폭이 20cm인 목도리를 뜨려면 각각 몇 코를 잡아야 할까요? A의 게이지는 10cm 안에 12코가 들어가 있고, B의 게이지는 10cm 안에 8코가 들어가 있습니다. 그러면 20cm 안에는 각각 24코와 16코가 들어가 있을 테니 24코와 16코를 잡으면 된답니다. 이처럼 같은 실, 같은 바늘을 사용하더라도 게이지에 따라 같은 치수를 만들기 위한 콧수가 달라집니다.

2 게이지 공식

게이지 공식은 다음과 같습니다.

- 콧수 = (1cm 게이지) × (cm값)
- (cm값) = 콧수 ÷ (1cm 게이지)
- 나의 게이지에 맞는 콧수(단수)
  = 도안 콧수(단수) ÷ 도안 게이지 콧수(단수) × 나의 게이지 콧수(단수)

비례식으로 표현하기

도안 게이지 : 도안 콧수 = 나의 게이지 : 나의 콧수

도안에 cm값이 나와 있지 않고, 오로지 콧수와 단수만 제시된 경우에도 게이지 계산이 가능합니다. 콧수는 [cm값 × 게이지]이므로 도안 속 콧수를 도안 게이지로 나누면 cm값을 산출할 수 있습니다. cm값을 알면 이제 내 게이지에 맞춰 다시 계산할 수 있게 됩니다.
공식이라고 해서 어려울 것은 없습니다. 간단한 곱셈, 나눗셈, 비례식만 알고 있으면 모든 도안에 적용하고 나만의 도안을 만들 수 있습니다. 처음에는 복잡한 수식처럼 느껴질 수 있어도, 한두 번 계산하다 보면 왜 이렇게 계산하는지 금세 이해될 겁니다.

3 게이지 예제 풀어보기

10cm 안에 몇 코가 들어 있는지 알았으니, 1cm 안에 몇 코가 들어가는지도 쉽게 구할 수 있습니다. 만약 10cm 안에 12코가 들어간다면, 1cm 안에는 1.2코가 들어가게 되는 것입니다. 단도 마찬가지입니다. 10cm 안에 13.5단이 들어간다면 1cm 안에는 1.35단이 들어가는 것이죠(소수점 둘째 자리까지). 1cm 안에 몇 코, 몇 단이 들어가는지 알았으니, 이제 원하는 cm값에 바로 곱해주기만 하면 됩니다. 보다 쉬운 이해를 위해 몇 가지 예제를 풀어보도록 하겠습니다.

예제 1 김대리의 게이지는 10cm × 10cm 18코 20단입니다. 김대리는 모자를 뜨려고 합니다. 김대리의 머리둘레는 60cm입니다. 김대리는 몇 코를 잡아야 할까요? (머리둘레만큼 코를 잡아야 합니다.)

예제 2 김대리의 게이지는 10cm × 10cm 18코 20단입니다. 도안에는 다음과 같이 적혀 있습니다.

· 게이지: 25코 27단
· 설명: 100코를 잡고 8cm가 될 때까지 뜨세요.

이때 김대리의 게이지로 몇 코 몇 단을 떠야 할까요?

풀이 및 정답
예제 1) 1.8 × 60 = 108코 / 예제 2) 72코 16단

4 게이지 조각 떠보기

이제 우리가 가진 실과 바늘을 이용하여 게이지 조각을 떠보도록 하겠습니다. 네모난 조각을 떠서 그 안에 몇 코, 몇 단이 들어가는지 확인하는 작업이라고 생각하면 어렵지 않습니다. 게이지는 기본적으로 메리야스 무늬를 떠서 만듭니다(만일 꽈배기 무늬가 들어간 스웨터를 만든다면 꽈배기 무늬 게이지를 만들어야 합니다). 메리야스 무늬는 다음과 같이 V자 모양으로 이루어진 무늬입니다. 니트 옷에서 흔하게 접할 수 있는 형태이자, 대바늘 뜨개질에서 가장 기초가 되는 무늬입니다.

메리야스 무늬는 원통뜨기에서는 겉뜨기만으로 만들 수 있으며, 평면뜨기일 경우 겉뜨기 1단, 안뜨기 1단을 번갈아 떠서 만들 수 있습니다. 평면뜨기 메리야스 게이지를 측정해보도록 하겠습니다.

사용하려는 실의 띠지를 보면, 다음과 같은 부분을 발견할 수 있습니다.

띠지에 적힌 문구의 뜻은 "이 실은 10mm 바늘을 이용해 떴을 때 10cm 안에 10코(Stitches)와 14단(Rows)이 들어가는 게이지를 가지고 있습니다"입니다. 이때 이 게이지는 평균값이기 때문에, 직접 떠보면서 나만의 게이지를 측정해야 합니다. 이 실은 10mm 바늘을 이용했을 때 10cm 안에 10코가 나올 테니, 우리는 더 큰 조각을 떠서 10cm를 측정합니다. 넉넉하게 16코 정도를 잡아줍니다. 그래야 10cm를 원활하게 측정할 수 있으니까요. 만약 실에 띠지가 없는 경우, 10cm 이상을 뜰 만큼 넉넉하게 코를 잡아줍니다. 코를 적게 잡으면 정확한 측정이 어려우니 최대한 여유를 두는 것이 좋습니다.

충분하게 코를 잡고, 다음 서술형 도안을 보며 게이지를 떠줍니다.

---

1 겉뜨기로 3단을 뜹니다.

2 메리야스 부분 길이가 10cm 이상이 될 때까지 다음 1~2단을 반복합니다.

　• 1단 : 겉뜨기 3코, 마지막 3코 남을 때까지 안뜨기, 겉뜨기 3코

　• 2단 : 전부 겉뜨기

3 겉뜨기 3단을 더 뜨고 코막음하여 마무리합니다.

게이지가 완성되었습니다. 가로세로 10cm 안에 몇 코, 몇 단이 들어가는지 확인해주세요.

5 게이지 조각 세탁하기

니트 소재의 의류는 세탁 전후로 사이즈가 차이 나는 경우가 많습니다. 그래서 게이지를 뜬 다음 세탁하고 치수를 재야, 도안에 적힌 견본품 치수대로 뜰 수 있습니다. 이때 중요한 포인트는, 내가 뜬 니트를 앞으로 어떻게 관리할지에 따라 게이지 세탁법을 결정해야 한다는 것입니다. 예컨대, 니트를 뜨고 나서 손빨래할 생각이라면 게이지 조각도 손빨래를, 세탁기 울 코스로 돌릴 생각이라면 게이지 조각도 똑같이 세탁해줍니다. 니트를 드라이클리닝 할 경우에도 울 세탁 1회는 필수입니다. 즉, 게이지 조각을 손빨래한 다음 게이지를 측정하고 이후부터 드라이클리닝으로 관리하면 됩니다.

게이지 조각을 손세탁하거나 세탁기에 돌리는 경우에는 반드시 블로킹을 한 상태에서 건조해야 합니다. 블로킹이란 여러 겹 접은 옷이나 요가 매트 등의 위에 편물을 깔아 평평하게 만든 뒤 시침핀을 꽂는 것을 의미합니다. 게이지 조각이 다 마르면 게이지 측정을 시작하면 됩니다.

6 게이지 내고 나서 도안에 적용하기

게이지 공식은 다음과 같습니다.

- **도안상 게이지가 14코 17단, 나의 게이지는 12코 15단인 경우**
  도안보다 내가 느슨하게 뜬다는 것을 인지 ▶ 바늘 사이즈를 줄여서 게이지 조정

- **도안상 게이지가 14코 17단, 나의 게이지는 16코 20단인 경우**
  도안보다 내가 촘촘하게 뜬다는 것을 인지 ▶ 바늘 사이즈를 키워서 게이지 조정

"게이지를 낸다"라는 말은 일일이 계산하라는 뜻이 아닙니다. 도안의 게이지와 비교해보고, 나의 뜨개질 스타일이 도안과 얼마나 차이 나는지를 인지하고, 약간의 조정을 통해 도안과 비슷한 게이지로 맞춘 뒤 진행하면 됩니다. 게이지 계산이 필수는 아닙니다. 게이지가 어떤 개념인지 알고, 게이지 차이에 따른 결과물의 변화를 아는 것이 중요합니다.

만일 도안에 제시된 것과 굵기가 많이 차이 나는 실로 뜨려고 한다면, 게이지 계산을 해야 합니다. 실의 굵기 차이는 바늘 굵기나 힘을 조절하는 것만으로 해결될 문제가 아니기 때문입니다. 기본적으로 도안은 견본품을 뜬 실과 바늘에 맞는 비율에 맞게 고안되어 있습니다. 게이지를 계산해서 콧수는 어느 정도 조정할 수 있지만, 실마다 코와 단의 비율이 다르고 도안에 숨겨진 규칙이 있는 경우가 많기 때문에 계산상으로는 맞아도 전반적인 형태와 비율이 실제와 달라질 수 있습니다. 게이지 계산이 완벽하게 들어맞으려면 사선의 비율이나 편물의 장력 등 고려해야 할 요건들이 많습니다. 따라서, 도안에 제시된 것과 굵기 차이가 나는 실로 새로 뜰 때에는 견본품과 실제 완성품 사이에 어느 정도 비율 격차가 생길 수 있음을 알아두는 것이 좋습니다.

- **도안 게이지 계산 예시**
  도안상 게이지 14코 17단, 나의 게이지는 22코 28단인 경우
  ▶ "도안에서 30코를 잡는다(또는 떠준다)"라고 되어 있으면, [30코 ÷ 도안상 게이지 × 나의 게이지] 이렇게 계산했을 때 나의 게이지에 맞는 콧수가 나옵니다. 단수도 마찬가지 방법으로 산출하면 됩니다.

02 도안 읽기

1 서술형 도안 읽는 법

서술형 도안은 순서대로 설명을 따라가며 읽어주면 됩니다. 예를 들어 [겉뜨기 10, 마커 넘기기, M1R, 마커까지 겉뜨기]라고 되어 있으면 문장 그대로 겉뜨기 10코를 뜨고, 마커를 만나면 마커를 넘기고, M1R을 하고, 마커까지 겉뜨기하는 식입니다.

얼핏 보기에 글이 길고 많아서 처음에 겁을 먹는 분들도 있을 겁니다. 너무 어렵게 생각하지 말고 글자 그대로 차근차근 읽다 보면 금방 완성할 수 있습니다.

2 기호형 도안 읽는 법

기호 도안은 '겉면'을 기준으로 고안되어 있습니다. 뜨개질 편물은 겉면과 안면으로 나뉘는데, 말 그대로 작품의 바깥에 드러난 부분이 겉면이며 안쪽 부분이 안면입니다. 기호 도안에는 작품의 겉면에 나타나는 무늬를 표시해두기 때문에, 편물의 앞뒤를 뒤집으며 뜨는 평면뜨기를 할 경우 겉면에서는 도안상 무늬가 나오도록 기호대로 뜨고, 안면에서는 기호를 반대로 보면서 떠야 합니다.

기호 도안 보는 방법을 배우기 전에, 우선 겉뜨기와 안뜨기의 특성을 파악하는 것이 좋습니다. 예컨대, 현재 편물을 바라본 상태에서 겉뜨기를 하면, 눈앞에 보이는 면에는 V자 모양이 생기고 반대편에는 안뜨기 모양인 ㅡ자 모양이 만들어집니다. 반대로, 현재 편물을 바라본 상태에서 안뜨기를 하면, 눈앞에 보이는 면에는 ㅡ자 모양이 생기고 반대편에는 겉뜨기 모양인 V자 모양이 만들어집니다.

즉, 겉뜨기와 안뜨기는 서로 반대의 관계입니다. 니터의 시선을 기준으로, 편물의 반대편에 V자가 나오게 하려면 안뜨기를 하고, 편물의 반대편에서 ㅡ자가 나오게 하려면 겉뜨기를 하는 식입니다.

만일 기호 도안에서 겉면의 반대편(안면)을 바라보고 뜨는 차례라면, 겉면 기준으로 도안처럼 무늬가 나와야 하기 때문에 도안상 기호의 반대로 떠줘야 합니다. 한마디로, 안면에서 'ㅡ'는 안뜨기 기호이지만 겉뜨기로, 'ㅁ'는 겉뜨기 기호이지만 안뜨기로 떠줘야 반대편에 맞는 무늬가 나오게 되는 것입니다.

기호 도안을 볼 때에는 한 줄 한 줄 읽어 내려가기보다는 전체를 보면서 뜨는 게 좋습니다. 일반적으로 겉면에서 하나의 무늬가 만들어지면 안면에서는 그 무늬에 맞춰 뜨는 경우가 많습니다. "무늬에 맞춰 뜬다"라는 말은 곧, 현재 바라보는 면에서 내가 떠줄 코가 코 아래에 가로줄이 걸린 안뜨기 무늬이면 안뜨기하고, V자 모양인 겉뜨기 무늬이면 겉뜨기해서 무늬를 똑같이 맞춰주라는 의미로 이해하면 됩니다.

PART 02

· DAILY KNITTING ·

대바늘 뜨개 기초 기법

01 코잡기 cast on

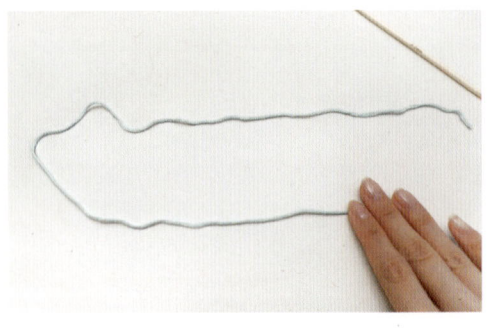

1 실의 짧은 쪽을 위로 가게 한 상태로 바닥에 펼쳐놓습니다.

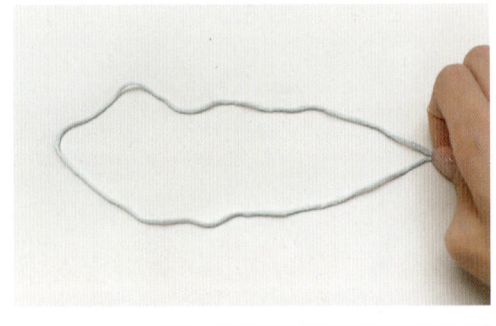

2 오른손으로 실 두 가닥을 쥡니다.

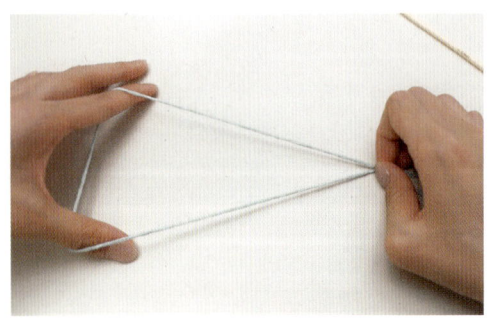

3 왼손 엄지와 검지를 실 두 가닥 사이에 그림과 같이 넣고 벌려줍니다.

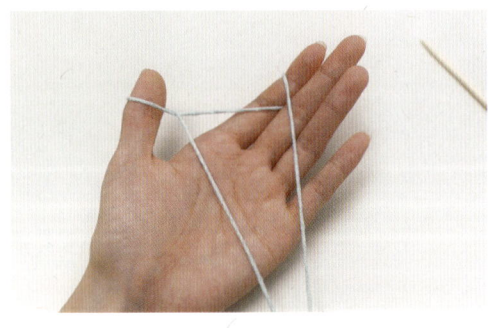

4 손바닥을 하늘을 향하게 뒤집어줍니다.

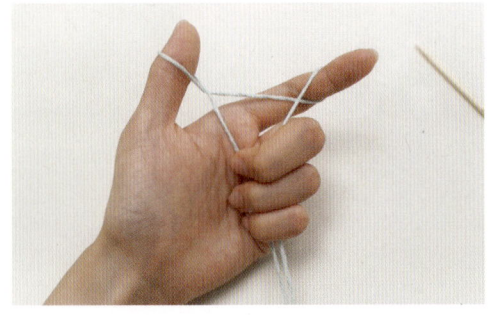

5 나머지 세 손가락으로 실 두 가닥을 감싸줍니다.

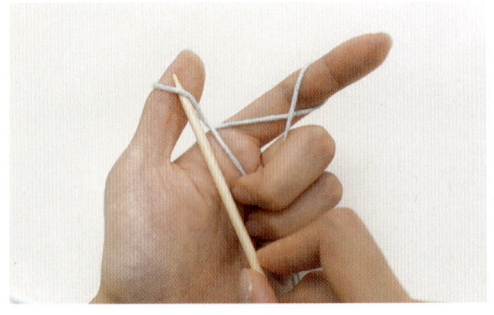

6 오른손에 바늘을 들고 엄지 아래로 들어갑니다.

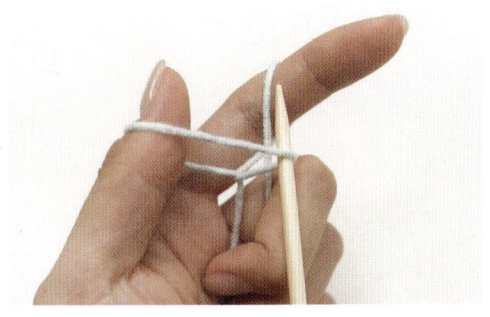

7 바늘을 검지 위쪽으로 끌고 갑니다.

8 검지에 걸린 실을 위에서 아래로 찔러줍니다.

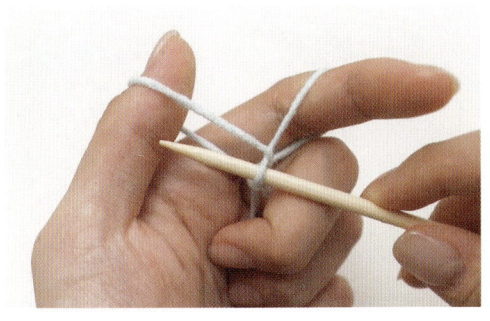

9 엄지 앞에 있는 공간으로 바늘을 끌고 나옵니다.

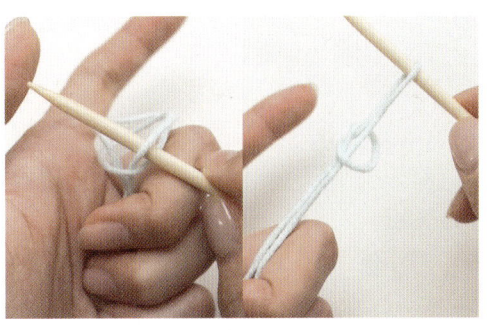

10 / 11 엄지와 검지에서 실을 빼줍니다.(사진 **10~11**)

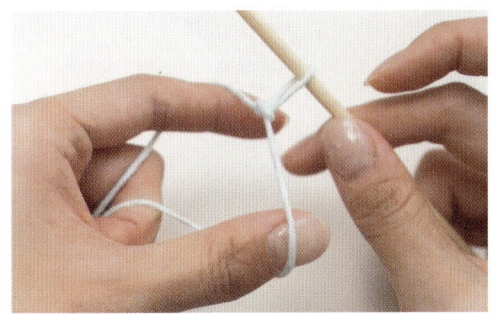

12 실 두 가닥을 엄지와 검지로 벌려 매듭을 죄어줍니다.

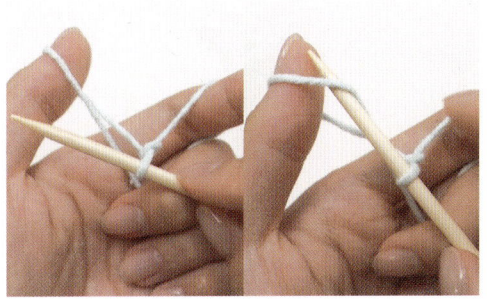

13 / 14 12에서 바늘을 손바닥 쪽으로 가져와 **6~12**를 반복합니다.(사진 **13~14**)

02 | 겉뜨기 knit

1 왼쪽 바늘에 걸린 코를 오른쪽 바늘을 이용해 찔러 줍니다.

2 실뭉치와 연결된 실을 바늘 사이로 뒤에서 앞으로 가져옵니다.(사진 2~3)

3

4 실이 걸린 상태에서 오른쪽 바늘을 코 바깥으로 끌고 나옵니다.(사진 4~5)

5

6 왼쪽 바늘에서 코를 그대로 빼주면 겉뜨기 완성입니다.

03 | 안뜨기 purl

1 실을 앞쪽으로 가져온 상태에서 시작합니다(첫 코일 때에도 실이 편물 앞쪽에 있는 상태).

2 오른쪽 바늘을 사진과 같은 방향으로 찔러줍니다.

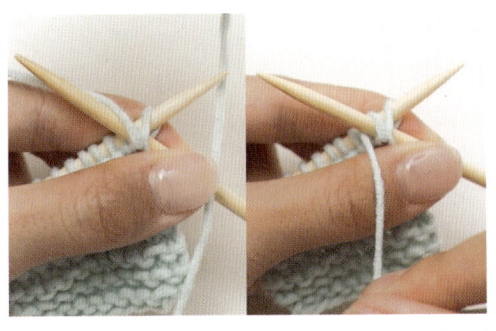

3 / 4 실을 사진처럼 오른쪽 바늘에 감싸줍니다.(사진 3~4)

5 실이 걸린 상태에서 오른쪽 바늘을 코 바깥으로 끌고 나옵니다.(사진 5~6)

6

7 왼쪽 바늘에서 코를 그대로 빼주면 안뜨기 완성입니다.

04 코막음 bind off

1 코막음을 할 때는 항상 오른쪽 바늘에 2코를 떠줍니다.

2 뒤에 있는 코를 앞에 있는 코 위로 덮어 씌워줍니다. (사진 **2~4**)

3 / 4

5 4가 끝나면 오른쪽 바늘에 1코가 남으니, 1코를 더 떠서 2코를 만들어줍니다.

6 2~4를 반복합니다.(사진 **6~7**)

7

05 k2tog (코줄임)

1 2코를 한 번에 겉뜨기 방향으로 찔러줍니다. (사진 **1~3**)

2

3

4 겉뜨기합니다.(사진 **4~6**)

5

6 완성

06 | ssk(코줄임)

1 왼쪽 바늘에 걸려 있는 코를 겉뜨기 방향으로 오른쪽 바늘에 옮겨줍니다.(사진 **1~2**)

2

3 그대로 다시 왼쪽 바늘로 코를 옮겨줍니다.

4 오른쪽 바늘로 2코를 한 번에 뒤로 찔러서 겉뜨기합니다.(사진 **4~6**)

5 / 6

7 완성

07 | kfb(겉뜨기 코늘림)

1 겉뜨기하듯이 떠주고 왼쪽 바늘에서 **2**와 같이 코를 빼지 않은 상태로 둡니다.(사진 **1~2**)

2 오른쪽 바늘을 살짝 들어 올려줍니다.

3 왼쪽 바늘 뒷부분에 사진처럼 찔러줍니다.

4 겉뜨기하듯이 떠줍니다.

5 완성

08 | pfb(안뜨기 코늘림)

1 안뜨기하듯이 떠주고, 왼쪽 바늘에서 코를 빼지 않은 상태로 둡니다.(사진 **1~3**)

2 / 3

4 바늘을 살짝 벌려 왼쪽 바늘 뒤에 걸린 실을 확인합니다.

5 왼쪽 바늘 뒤에 걸린 실을 뒤에서 앞으로 사진처럼 찔러줍니다.

6 안뜨기하듯이 떠줍니다.(사진 **6~7**)

7 완성

09 M1L(왼코 늘리기-겉뜨기)

1 코와 코 사이에 있는 가로줄을 확인합니다.

2 왼쪽 바늘을 이용해 코와 코 사이의 가로줄을 앞에서 뒤로 들어 올립니다.

3 오른쪽 바늘을 이용해 왼쪽 바늘에 걸린 실 뒤쪽으로 찔러줍니다.

4 겉뜨기하듯이 떠줍니다.(사진 **4~5**)

5

6 완성

10 | M1R(오른코 늘리기-겉뜨기)

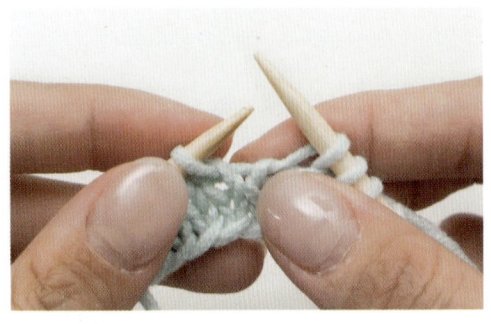

1 코와 코 사이에 있는 가로줄을 확인합니다.

2 왼쪽 바늘을 이용해 코와 코 사이의 가로줄을 뒤에서 앞으로 들어 올립니다.

3 오른쪽 바늘을 이용해 왼쪽 바늘에 걸린 실 앞부분으로 찔러줍니다.(사진 3~4)

4

5 겉뜨기하듯이 떠줍니다.

6 완성

11 M1L(안)(왼코 늘리기-안뜨기)

1 왼쪽 바늘을 이용해 코와 코 사이에 있는 가로줄을 뒤에서 앞으로 찔러줍니다.

2 왼쪽 바늘 앞쪽에 걸린 실을 오른쪽 바늘로 사진처럼 찔러줍니다.

3 안뜨기로 떠줍니다.(사진 **3~5**)

4

5 완성

M1L(안), M1R(안)은 작가마다
설명하는 방식에 차이가 있습니다.
마커 기준의 설명인 경우 책 속 내용과 표기가 같고,
겉면 기준의 설명인 경우 표기가 이와 반대입니다.
둘 다 맞는 방식이며, 다른 도안에서
약어 설명을 보고 지시하는 대로 뜨면 됩니다.

---

12 M1R(안)(오른코 늘리기-안뜨기)

1 왼쪽 바늘을 이용해 코와 코 사이에 있는 가로줄을 앞에서 뒤로 찔러줍니다.

2 왼쪽 바늘 뒤쪽에 걸린 실을 오른쪽 바늘로 사진처럼 찔러줍니다.

3 안뜨기로 떠줍니다.(사진 3~5)

4

5 완성

M1L(안), M1R(안)은 작가마다
설명하는 방식에 차이가 있습니다.
마커 기준의 설명인 경우 책 속 내용과 표기가 같고,
겉면 기준의 설명인 경우 표기가 이와 반대입니다.
둘 다 맞는 방식이며, 다른 도안에서
약어 설명을 보고 지시하는 대로 뜨면 됩니다.

13 | 코에서 코줍기 picking up stitches

1 코가 들어갈 자리를 확인합니다. V자 모양에서 줍거나 ∧자 모양에서 줍습니다.

2 단의 가장 끝부분 V자 혹은 ∧자 자리에 찔러줍니다. (사진 **2~3**)

3

4 실을 걸어줍니다.

5 편물 밖으로 실을 끌고 나옵니다.

6 1코 줍기 완성

#

7 다음 코도 모양을 보고 V자 모양으로 주웠으면 V자, ∧자 모양으로 주웠으면 ∧자에 찔러줍니다. (사진 **7~8**)

8

9 겉뜨기를 하듯이 실을 감아 끌고 나옵니다. (사진 **9~11**)

10

11

12 코에서 코를 줍고 떠준 모습입니다.

| 14 | 단에서 코줍기 picking up stitches

1 단에서 코를 주울 때에는 V자 모양 사이에 찔러 줍습니다. 단의 가장자리보다는 반 코 안쪽으로 줍는 것이 안정적입니다.

2 V자 모양 1개마다 1코씩 줍고, 도안에서 지시한 대로 건너뜁니다. 도안과 게이지 비율 차이에 따라 몇 코 줍고 1코를 건너뛰는지는 다릅니다.(사진 **2~6**)

3

4

5

6 단에서 코를 줍고 떠준 모습입니다.

15 | 바늘비우기 yarn over

1 오른쪽 바늘에 실을 한 번 걸쳐주는 동작을 바늘비우기라고 합니다.

2 실을 뒤에서 앞으로 감아 오른쪽 바늘에 걸쳐줍니다.(사진 2~4)

3

4 바늘비우기 완성

주의사항

다음 코를 겉뜨기로 뜨는 동작은
바늘비우기 동작에 포함되지 않습니다.
바늘비우기는 바늘 위에
실을 걸쳐주는 동작만을 뜻합니다.

16 | 1코 고무단 돗바늘 마무리 tubular bind off

1 실을 길게 잘라 남기고 돗바늘에 실을 연결해줍니다. 고무단 시작 2코에 안뜨기 방향으로 찔러서 돗바늘을 빼줍니다.

2 첫 번째 코에 겉뜨기 방향으로 찔러서 코를 빼줍니다.(사진 **2~4**)

3

4

5 두 번째 코 모양을 봤을 때 겉뜨기 모양이면 돗바늘을 안뜨기 방향으로 찔러서 나옵니다.

6 첫 번째 코도 마찬가지로 안뜨기 방향으로 찔러서 코를 빼줍니다.(사진 **6~7**)

7

8 두 번째 코 모양이 안뜨기 모양이면 코와 코 사이로 한 번 나옵니다.

9 두 번째 코 모양이 안뜨기코일 때는 겉뜨기 방향으로 찔러서 뒤로 나옵니다.

10 첫 번째 코도 마찬가지로 겉뜨기 방향으로 찔러서 코를 빼줍니다. 다음부터는 두 번째 코 모양을 보고 5~10을 반복해줍니다.

17 원통뜨기 및 매직 루프

1 원통뜨기 시작하기

2 원통뜨기 마무리하기

3 매직 루프(magic loop)

18 소매 분리

1 소매 분리하기

19 컨티넨탈 뜨기 및 코 빠졌을 때 대처법

1 컨티넨탈 뜨기

2 코 빠졌을 때 대처법

PART
03

· DAILY KNITTING ·

만드는 법

VEGETABLE RAGLAN SWEATER

베지터블 래글런 스웨터

01

베지터블 래글런 스웨터는 탑다운 방식으로 제작됩니다.
원통으로 코를 잡고 되돌아뜨기를 통해 뒷목 단차를 줍니다.
래글런 방식으로 코늘림하여 소매 분리를 해준 후 몸통과 소매를 원통으로 떠서 완성합니다.
시원한 느낌을 주는 구멍난 아일렛 무늬가 포인트입니다.
스탠더드 핏이므로 정사이즈로 선택하는 것을 추천합니다.

참고 동영상 QR 코드

재료	베지터블(1볼 / 100g / 250m) 4 (4) 5 (5) 5 (6) 6볼
바늘	3.5mm(케이블 40cm, 80cm), 5mm 바늘 혹은 가지고 있는 약간 굵은 바늘(아주 적은 부분에서만 사용)
게이지	24코 38단(3.5mm 바늘, 10×10cm 메리야스 무늬)
사이즈	XS (S) M (L) XL (2XL) 3XL
가슴둘레	92 (95) 98 (101) 106 (113) 121cm
옷 길이	48 (50) 50 (50) 52 (52) 54cm
모델 착용 사이즈	M

코잡기

베지터블 굵기와 비슷하고 색상이 구분되는 자투리 실과 4호 코바늘을 이용해 사슬 130 (138) 142 (142) 142 (142) 142코를 잡아줍니다. 그다음 80cm 케이블을 연결한 3.5mm 바늘을 이용하여 128 (136) 140 (140) 140 (140) 140코를 주워줍니다. 시작 마커를 걸고 원통으로 연결한 뒤 아래와 같이 9개의 마커를 걸며 겉뜨기로 떠줍니다.

15 (16) 16 (16) 16 (16) 16코 겉뜨기(왼쪽 뒤판), 마커 걸기, 6 (6) 6 (6) 6 (6) 6코 겉뜨기(래글런), 마커 걸기, 22 (24) 26 (26) 26 (26) 26코 겉뜨기(왼쪽 소매), 마커 걸기, 6 (6) 6 (6) 6 (6) 6코 겉뜨기(래글런), 마커 걸기, 30 (32) 32 (32) 32 (32) 32코 겉뜨기(앞판), 마커 걸기, 6 (6) 6 (6) 6 (6) 6코 겉뜨기(래글런), 마커 걸기, 22 (24) 26 (26) 26 (26) 26코 겉뜨기(오른쪽 소매), 마커 걸기, 6 (6) 6 (6) 6 (6) 6코 겉뜨기(래글런), 마커 걸기, 15 (16) 16 (16) 16 (16) 16코 겉뜨기(오른쪽 뒤판), 시작 마커

되돌아뜨기

되돌아뜨기(턴, 저먼 쇼트 로우[german short row])를 이용하여 목에 단차를 줍니다. 아래와 같이 yo(바늘비우기) 래글런 늘림과 병행하여 떠줍니다.

1단(겉면): 마커까지 겉뜨기(왼쪽 뒤판), yo, 마커 넘기기, 겉 6(래글런), 마커 넘기기, yo, 마커까지 겉뜨기(왼쪽 소매), yo, 마커 넘기기, 겉 6(래글런), 마커 넘기기, yo, 겉 2, 턴

2단(안면): 시작 마커까지 안뜨기(yo해준 부분도 그냥 안뜨기로 뜹니다), 시작 마커 넘기기, 마커까지 안뜨기(오른쪽 뒤판), yo, 마커 넘기기, 안 6(래글런), 마커 넘기기, yo, 마커까지 안뜨기(오른쪽 소매), yo, 마커 넘기기, 안 6(래글런), 마커 넘기기, yo, 안 2, 턴

3단(겉면): 시작 마커까지 겉뜨기(yo해준 부분도 그냥 겉뜨기로 뜹니다), 시작 마커 넘기기, 마커까지 겉뜨기(왼쪽 뒤판), yo, 마커 넘기기, 겉 6(래글런), 마커 넘기기, yo, 마커까지 겉뜨기(왼쪽 소매), yo, 마커 넘기기, 겉 6(래글런), 마커 넘기기, yo, 턴 다음 2코까지 겉뜨기, 턴

4단(안면): 시작 마커까지 안뜨기(yo해준 부분도 그냥 안뜨기로 뜹니다), 시작 마커 넘기기, 마커까지 안뜨기(오른쪽 뒤판), yo, 마커 넘기기, 안 6(래글런), 마커 넘기기, yo, 마커까지 안뜨기(오른쪽 소매), yo, 마커 넘기기, 안 6(래글런), 마커 넘기기, yo, 턴 다음 2코까지 안뜨기, 턴

5단(겉면): 시작 마커까지 겉뜨기(yo해준 부분도 그냥 겉뜨기로 뜹니다), 시작 마커 넘기기, 마커까지 겉뜨기(왼쪽 뒤판), yo, 마커 넘기기, 겉 6(래글런), 마커 넘기기, yo, 마커까지 겉뜨기(왼쪽 소매), yo, 마커 넘기기, 겉 6(래글런), 마커 넘기기, yo, 턴 다음 3코까지 겉뜨기, 턴

6단(안면): 시작 마커까지 안뜨기(yo해준 부분도 그냥 안뜨기로 뜹니다), 시작 마커 넘기기, 마커까지 안뜨기(오른쪽 뒤판), yo, 마커 넘기기, 안 6(래글런), 마커 넘기기, yo, 마커까지 안뜨기(오른쪽 소매), yo, 마커 넘기기, 안 6(래글런), 마커 넘기기, yo, 턴 다음 3코까지 안뜨기, 턴

7단(겉면): 시작 마커까지 겉뜨기(yo해준 부분도 그냥 겉뜨기로 뜹니다), 시작 마커 넘기기, 마커까지 겉뜨기(왼쪽 뒤판), yo, 마커 넘기기, 겉 6(래글런), 마커 넘기기, yo, 마커까지 겉뜨기(왼쪽 소매), yo, 마커 넘기기, 겉 6(래글런), 마커 넘기기, yo, 턴 다음 4코까지 겉뜨기, 턴

8단(안면): 시작 마커까지 안뜨기(yo해준 부분도 그냥 안뜨기로 뜹니다), 시작 마커 넘기기, 마커까지 안뜨기(오른쪽 뒤판), yo, 마커 넘기기, 안 6(래글런), 마커 넘기기, yo, 마커까지 안뜨기(오른쪽 소매), yo, 마커 넘기기, 안 6(래글런), 마커 넘기기, yo, 턴 다음 4코까지 안뜨기, 턴

9단(겉면): 시작 마커까지 겉뜨기

되돌아뜨기가 완료되었습니다.

래글런 늘림

이제 원통으로 뜨며 겉뜨기와 래글런 양쪽으로 yo(바늘비우기)로만 작업합니다. 아래와 같이 뜹니다.

1단(겉면): [마커까지 겉뜨기, yo, 마커 넘기기, 겉 6, 마커 넘기기, yo] 4번 반복, 시작 마커까지 겉뜨기
2단(겉면): 모두 겉뜨기

아래 콧수에 도달할 때까지 위 1~2단을 반복합니다(/ 는 마커입니다). 목 코잡은 부분에서부터 래글런 늘림으로 생긴 구멍만 세면 33 (34) 35 (36) 38 (40) 44개입니다.

> **TIP**
> 1~2단을 한 번 반복할 때마다 래글런 부분에 구멍이 1개 생성됩니다. '2단(겉면): 모두 겉뜨기'까지 뜬 후 구멍이 생성되었을 때 구멍 개수를 세어서 맞춘 다음 소매 분리로 넘어가면 됩니다.

48 (50) 51 (52) 54 (56) 60코(왼쪽 뒤판) / 6 (6) 6 (6) 6 (6) 6코(래글런) / 88 (92) 96 (98) 102 (106) 114코(왼쪽 소매) / 6 (6) 6 (6) 6 (6) 6코(래글런) / 96 (100) 102 (104) 108 (112) 120코(앞판) / 6 (6) 6 (6) 6 (6) 6코(래글런) / 88 (92) 96 (98) 102 (106) 114코(오른쪽 소매) / 6 (6) 6 (6) 6 (6) 6코(래글런) / 48 (50) 51 (52) 54 (56) 60코(오른쪽 뒤판) /

소매 분리

래글런에 해당하는 6코는 몸통으로 합쳐집니다. 아래와 같이 뜨며 소매를 분리해 줍니다.

마커까지 왼쪽 뒤판 48 (50) 51 (52) 54 (56) 60코 겉뜨기, 마커 빼기, 래글런 6코 겉뜨기, 마커 빼기, 왼쪽 소매에 해당하는 88 (92) 96 (98) 102 (106) 114코 여분의 실에 쉬게 두기, 감아코 8 (8) 10 (12) 14 (18) 20코, 마커 빼기, 래글런 6코 겉뜨기, 마커 빼기, 마커까지 앞판 96 (100) 102 (104) 108 (112) 120코 겉뜨기, 마커 빼기, 래글런 6코 겉뜨기, 마커 빼기, 오른쪽 소매에 해당하는 88 (92) 96 (98) 102 (106) 114코 여분의 실에 쉬게 두기, 감아코 8 (8) 10 (12) 14 (18) 20코, 마커 빼기, 래글런 6코 겉뜨기, 마커 빼기, 시작 마커까지 오른쪽 뒤판 48 (50) 51 (52) 54 (56) 60코 겉뜨기

몸통 뜨기

이제 몸통과 소매가 분리되었습니다.

뒷목 중심부터 46 (48) 48 (48) 50 (50) 52cm 혹은 원하는 길이가 될 때까지 겉뜨기로 떠줍니다. 몸통을 길이만큼 다 떠주었으면, 계속해서 3.5mm 바늘을 이용하여 아래와 같이 코줄임이 들어간 아일렛 아이코드 코막음으로 코막음해줍니다.

니티드 코잡기(knitted cast on)으로 3코 만들기, [*겉 2, k2tog, 왼쪽 바늘로 다시 3코 옮기기*, *부터 *까지 3번 반복, 겉 2, k3tog], [부터] 까지 오른쪽 바늘에 마지막 3코 남을 때까지 반복, 돗바늘로 정리하여 마무리

> **TIP**
> 기본적인 아이코드 코막음은 (겉 2, k2tog)입니다. 중간중간 (겉 2, k3tog)를 추가하여 코줄임을 해주어야 아이코드 코막음 부분이 말리지 않습니다. [(겉 2, k2tog) 3번, (겉 2, k3tog) 1번]이 한 세트입니다.

소매 뜨기

쉬게 둔 소매 코를 40cm 케이블을 연결한 3.5mm 바늘에 다시 끼워줍니다. 감아코 부분에서 4 (4) 5 (6) 7 (9) 10코를 줍고 시작 마커를 걸고, 다시 나머지 4 (4) 5 (6) 7 (9) 10코를 주워줍니다. 시작 마커로 돌아올 때까지 한 단을 뜹니다(감아코 중간 부분에서 원래 한 단 차이가 납니다). 아래와 같이 뜨며 소매 코를 줄여줍니다.

1~9단: 겉뜨기
10단(줄임단): ssk, 마지막 2코 남을 때까지 겉뜨기, k2tog

1~10단을 총 11 (11) 10 (10) 9 (8) 7번 반복합니다. 그다음 조금 더 가파르게 아래와 같이 뜨며 소매 코를 더 줄여줍니다.

1~5단: 겉뜨기
6단(줄임단): ssk, 마지막 2코 남을 때까지 겉뜨기, k2tog

1~6단을 총 9 (9) 9 (9) 9 (9) 9번 반복합니다. 모든 사이즈 동일하게 겉뜨기로만 5단을 더 뜬 후, 몸통 코막음과 같은 방식으로 코줄임이 들어간 아일렛 아이코드 코막음으로 코막음해줍니다.

니티드 코잡기(knitted cast on)으로 3코 만들기, [*겉 2, k2tog, 왼쪽 바늘로 다시 3코 옮기기*, *부터 *까지 3번 반복, 겉 2, k3tog], [부터] 까지 오른쪽 바늘에 마지막 3코 남을 때까지 반복, 돗바늘로 정리하여 마무리

목둘레 뜨기

80cm 혹은 40cm 케이블을 연결한 3.5mm 바늘을 이용해 코바늘로 만들어준 사슬 부분에서 코를 주운 부분에서 코를 살려 다시 끼워줍니다(겉면을 바라보고 뒷목의 중심 부분부터 시계 방향으로 진행합니다). 사슬은 풀어내줍니다. 시작 마커를 걸고 새 실을 연결하여 5mm 바늘 혹은 가지고 있는 약간 굵은 바늘(3.5mm보다 굵고 6mm보다 얇은 바늘)을 이용하여 겉뜨기로 한 단을 떠줍니다. 굵은 바늘로 한 단을 떠야 아일렛 코막음을 할 때 구멍 부분이 래글런의 구멍 부분과 같은 크기로 맞춰지기 때문입니다. 다시 3.5mm 바늘로 바꾸고, 아래와 같이 코줄임이 없는 아일렛 아이코드 코막음으로 코막음해줍니다.

니티드 코잡기(knitted cast on)으로 3코 만들기, *겉 2, k2tog, 왼쪽 바늘로 다시 3코 옮기기*, *부터 *까지 오른쪽 바늘에 마지막 3코 남을 때까지 반복, 돗바늘로 정리하여 마무리

HOW TO MAKE

GOYO SWEATER

고요 스웨터

02

고요 스웨터는 탑다운 방식으로 제작됩니다.
먼저 무늬 차트를 보며 평면뜨기로 뒤판을 뜨다가 어깨에서 각각 코를 주워
앞목을 만들며 앞판을 떠줍니다. 뒤판과 앞판을 원통으로 이어 몸통을 완성해준 다음,
소매 둘레에서 코를 주워 원통으로 소매를 떠서 완성합니다.
안뜨기로 만들어주는 고요한 불규칙적인 무늬가 포인트입니다.
오버사이즈 핏이므로 넉넉한 핏으로 입고자 한다면 정사이즈로 선택하는 것을 추천합니다.

참고 동영상 QR 코드

재료	테디울(1볼 / 95g / 125m) 7 (8) 8 (9) 9 (10) 10볼
바늘	6mm, 5mm (케이블 40cm, 80cm)
게이지	14코 20단(6mm 바늘, 10 × 10cm 메리야스 무늬)
사이즈	XS (S) M (L) XL (2XL) 3XL
가슴둘레	111 (114) 117 (122) 128 (134) 140cm
옷 길이	51 (51) 51 (53) 53 (53) 53cm
모델 착용 사이즈	L

도안 읽는 방법

도안은 상단 부분은 평면뜨기로, 몸통 부분은 원통뜨기로 뜹니다. 그래서 차트 도안을 읽을 때에는 상단 평면뜨기 부분에서 겉면(짝수단)은 오른쪽에서 왼쪽으로 화살표 방향대로 진행하며 보이는 기호 그대로 읽고, 안면(홀수단)은 왼쪽에서 오른쪽으로 화살표 방향대로 진행하며 보이는 기호의 반대로 읽습니다. 예를 들어, 안면(홀수단)을 뜰 차례에 빈칸을 만나면 안뜨기로 떠주고, 가로줄을 만나면 겉뜨기로 떠주면 됩니다. 몸통 부분을 원통뜨기로 연결한 다음부터는 겉면만 바라보고 뜨기 때문에 매 단 오른쪽에서 왼쪽 방향으로 진행하며 보이는 기호 그대로 읽습니다.

상단 뜨기(평면뜨기)

80cm 케이블을 연결한 6mm 바늘에 72 (74) 76 (80) 84 (88) 92코를 잡아줍니다.

108쪽부터 시작되는 차트 도안을 보고 선택한 사이즈에 맞춰 뜹니다.

먼저 뒤판 차트 도안의 38 (38) 38 (42) 42 (42) 42단까지 뜬 후 실을 끊고 코들을 여분의 케이블에 빼서 쉬게 둡니다.

그다음 뒤판 겉면을 바라보고 코잡은 부분에서 코를 주워주는데, 입었을 때 기준으로 오른쪽 어깨의 바깥에서 안쪽(어깨 끝에서 목 방향)으로 23 (24) 25 (27) 29 (31) 33코를 주워 앞판 차트 도안의 오른쪽 어깨 부분을 20 (20) 20 (20) 20 (20) 20단까지 뜨고 실을 끊고 코들을 케이블에 걸어둔 채로 쉬게 둡니다.

그다음 뒤판 겉면을 바라보고 입었을 때 기준으로 왼쪽 어깨의 안쪽에서 바깥(목 부분에서 어깨 끝 방향)으로 23 (24) 25 (27) 29 (31) 33코를 주워 앞판 차트 도안의 왼쪽 어깨 부분 21 (21) 21 (21) 21 (21) 21단(안면)까지 뜨고 감아코로 16 (16) 16 (16) 16 (16) 16코를 만들어준 뒤 쉬게 둔 오른쪽 어깨 부분을 이어서 안면으로 작업합니다.

이제 목이 만들어졌으며 앞판 양쪽이 연결된 상태입니다. 앞판 차트 도안을 보며 44 (44) 44 (48) 48 (48) 48단까지 뜹니다. 실을 끊지 않고, 겉면을 바라본 상태에서 다음 단계로 진행합니다.

> **TIP**
> 뒤판보다 앞판의 길이가 길게 떠지며, 그래야 뒷목 부분에 뒷고대가 생기면서 목 부분이 자연스러워집니다.

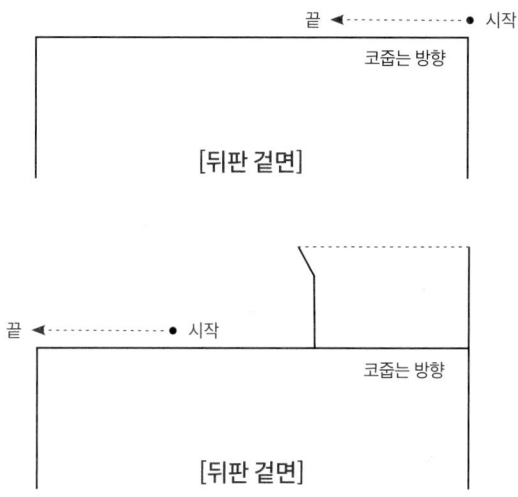

몸통 뜨기(원통뜨기)

이제 앞판과 뒤판이 모두 완성되었으며, 앞판의 겉면까지 뜬 상태입니다. 겉면을 바라본 상태에서, 뜨는 실은 지금 왼쪽 끝에서 나오고 있는 상태입니다.

그대로 바늘에 감아코로 3 (3) 3 (3) 3 (3) 3코를 만들고, 시작 마커를 걸고 다시 감아코로 3 (3) 3 (3) 3 (3) 3코를 만들어줍니다. 쉬게 둔 뒤판 코들을 다시 6mm 바늘에 끼우고 뒤판의 겉면을 바라본 상태에서 겉뜨기로 떠줍니다. 뒤판 코들이 모두 다 떠졌으면 감아코로 6 (6) 6 (6) 6 (6) 6코를 만들고, 앞판을 모두 겉뜨기로 떠줍니다. 감아코 중간 부분에 걸려 있는 시작 마커까지 겉뜨기로 뜹니다.

이제 몸통이 원통으로 연결되었고 다시 뒤판으로 돌아왔습니다.

차트 도안의 뒤판 오른쪽 끝부분 감아코 기호 아래단부터 차트 도안을 보면서 진행합니다. 이제 도안은 매 단 오른쪽에서 왼쪽 방향으로만 읽으며 떠줍니다. 뒤판 도안 읽기가 끝나면, 앞판도 같은 단의 오른쪽에서 왼쪽으로 읽으며, 그다음 단은 다시 뒤판으로 돌아와서 윗칸으로 넘어가 오른쪽에서 왼쪽으로 읽습니다. 앞판과 뒤판의 무늬는 대칭이니 참고하여 끝까지 떠줍니다.

차트 도안 끝까지 떠주었으면 5mm 바늘로 바꾸고 아래와 같이 줄임단 한 단을 떠서 고무단에 들어가기 전 몸통 코를 줄여줍니다.

줄임단: [겉4, k2tog] 시작 마커까지 반복(마지막에 규칙에 딱 맞게 끝나지 않을 수 있습니다. 줄임단은 딱 1단만 뜹니다)

그다음 1코 고무뜨기(겉 1, 안 1 반복)로 15단(6cm)를 떠줍니다. 1코 고무단 규칙이 맞지 않는 경우 고무단 첫 단에서 마지막 2코를 한 번에 떠서 규칙에 맞춰줍니다. 1코 고무단 돗바늘 마무리로 코막음합니다.

소매 뜨기
(원통뜨기, 왼쪽 오른쪽 진행 방식 동일)

40cm 케이블을 연결한 6mm 바늘을 이용하여 입었을 때 기준 오른쪽 소매 부분부터 코를 주워 시작합니다.

먼저 몸통에서 감아코를 만들어준 부분의 중심에서 시작하여 왼쪽 방향으로 3 (3) 3 (3) 3 (3) 3코를 줍고, 소매 둘레 부분에서는 3단마다 2코씩(2코 줍고 한 단 거르기) 줍고, 다시 감아코 부분에서 3 (3) 3 (3) 3 (3) 3코를 줍고 시작 마커를 걸어줍니다. 그다음 XS (S) M 사이즈는 114쪽, (L) XL (2XL) 3XL 사이즈는 124쪽의 오른쪽 소매 차트 도안을 보며 떠줍니다. 원통뜨기로 뜨기 때문에 도안은 매 단 오른쪽에서 왼쪽 방향으로 읽어줍니다.

> **TIP**
> 코줄임이 같은 단이 아닌 한 단 차이로 있는 이유는 코줄임을 연달아서 하면 편하기 때문입니다.

차트 도안 끝까지 떠주었으면 5mm 바늘로 바꾸고 아래와 같이 줄임단 한 단을 떠서 고무단에 들어가기 전 소매 코를 더 줄여줍니다.

줄임단: [겉 2, k2tog] 시작 마커까지 반복(마지막에 규칙에 딱 맞게 끝나지 않을 수 있습니다. 줄임단은 딱 한 단만 뜹니다)

그다음 1코 고무뜨기(겉 1, 안 1 반복)로 15단(6cm)를 떠줍니다. 1코 고무단 규칙이 맞지 않는 경우 고무단 첫 단에서 마지막 2코를 한 번에 떠서 규칙에 맞춰줍니다. 1코 고무단 돗바늘 마무리로 코막음합니다.

왼쪽 소매도 오른쪽 소매와 같은 방식으로 코를 줍고 떠주되, XS (S) M 사이즈는 도안 115쪽, (L) XL (2XL) 3XL 사이즈는 도안 125쪽의 왼쪽 소매 차트 도안을 보며 떠줍니다. 오른쪽 소매와 같은 방식으로 고무단을 뜨고 코막음하여 마무리합니다.

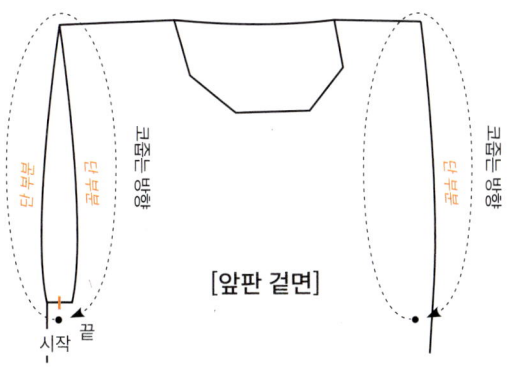

목둘레 뜨기

40cm 케이블을 연결한 5mm 바늘을 이용해 뒤판의 겉면을 바라보고 뒷목의 오른쪽 끝부분부터 코를 주워줍니다. 전체 콧수는 신경쓰지 않고 뒷목의 코 부분과 앞목의 감아코 부분에서는 매 코 줍고, 목의 평단 부분과 늘림(1코씩 늘린 부분)에서는 3단마다 2코씩 주워 줍니다. 1코 고무단을 위해 짝수코로만 맞춰주시면 됩니다. 1코 고무단으로 20단(10cm)를 뜬 후 코막음한 후 겹단으로 접어 안쪽으로 감침질하여 마무리합니다.

TIP

동영상을 참고해 마지막에 코막음을 하지 않고 코가 살아 있는 상태에서 돗바늘로 코잡은 시접 부분에 한 코씩 꿰어 마무리하면 깔끔하게 마무리할 수 있습니다.

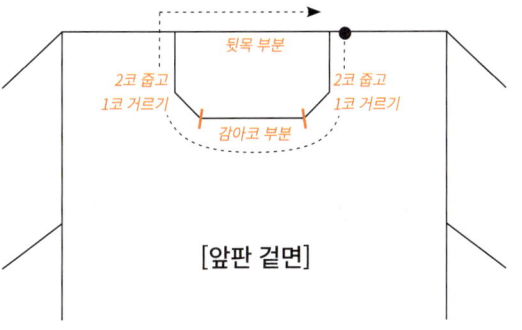

XS 뒤판

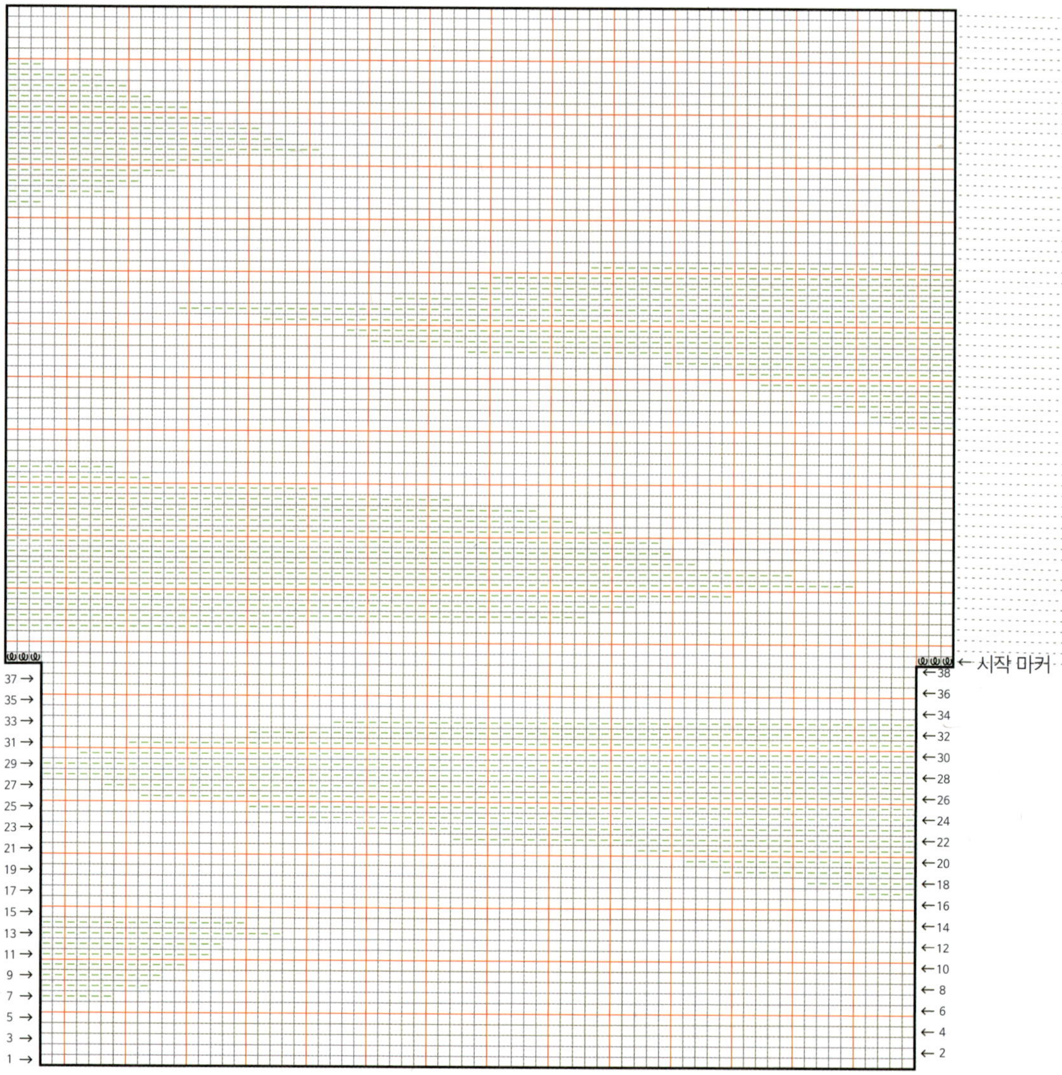

일반 코잡기 72코

- □ = 겉뜨기
- — = 안뜨기
- ℚ = M1R
- ℚ = M1L
- ω = 감아코

XS 앞판

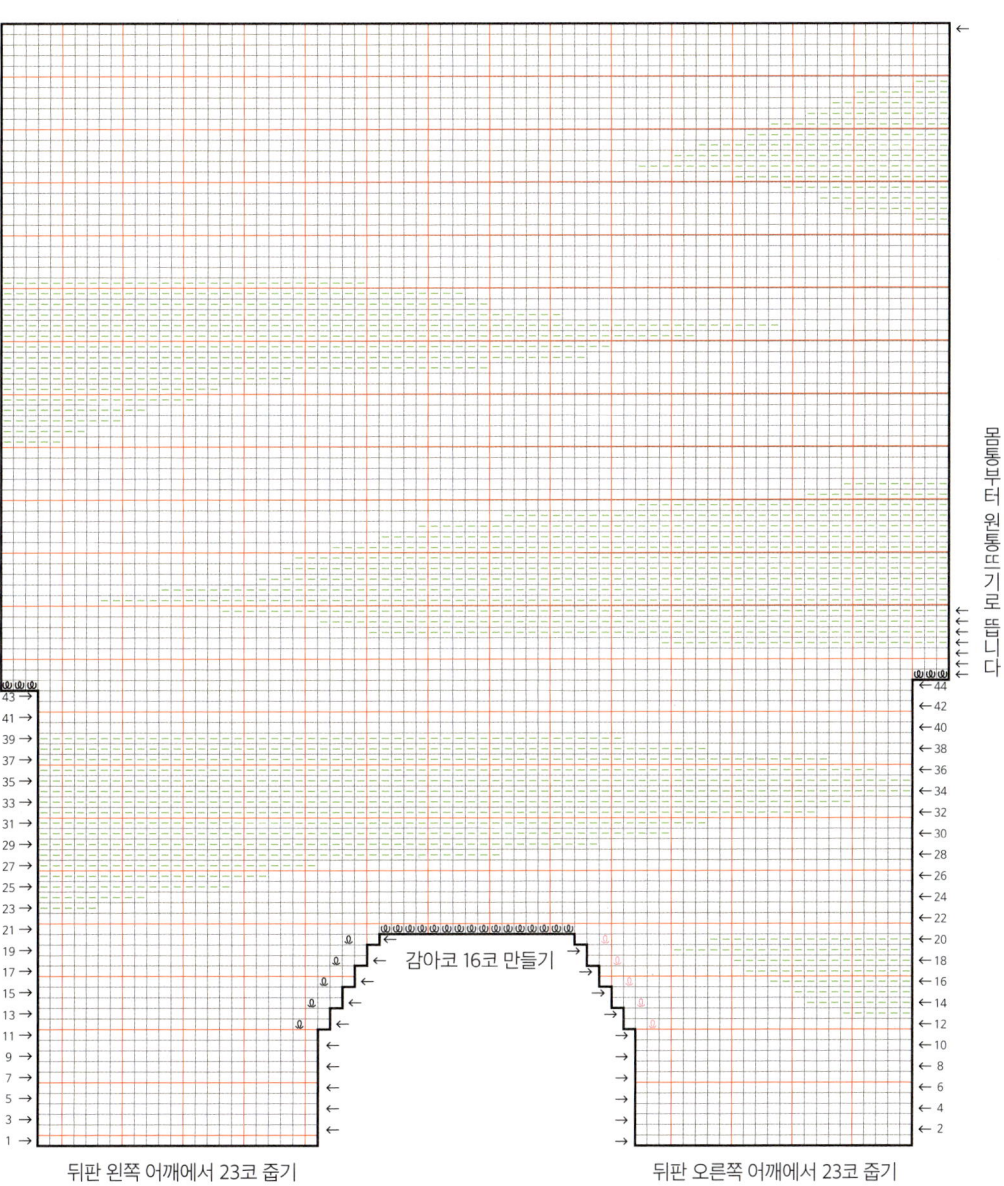

S 뒤판

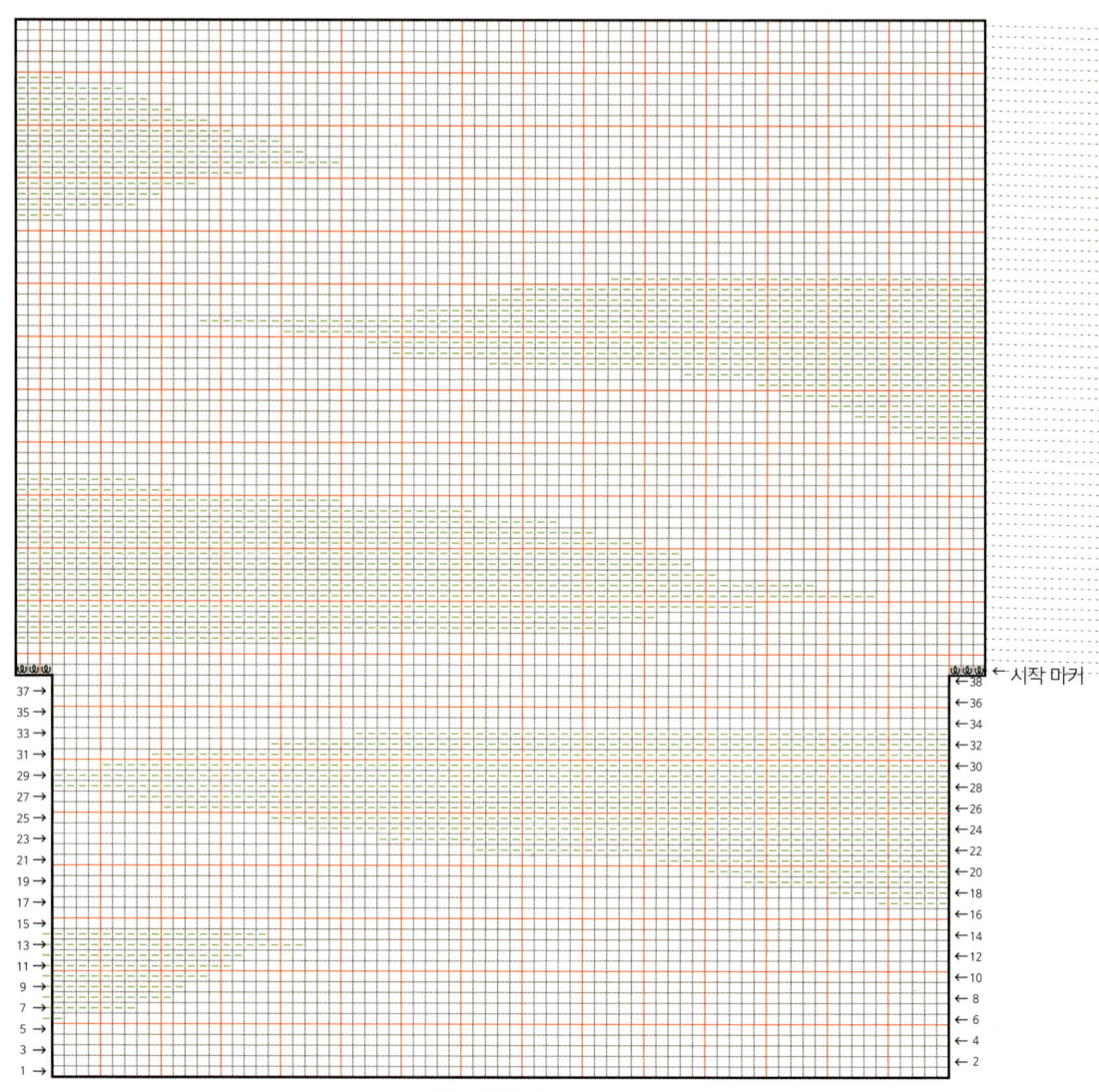

일반 코잡기 74코

□ = 겉뜨기
− = 안뜨기
= M1R
= M1L
= 감아코

S 앞판

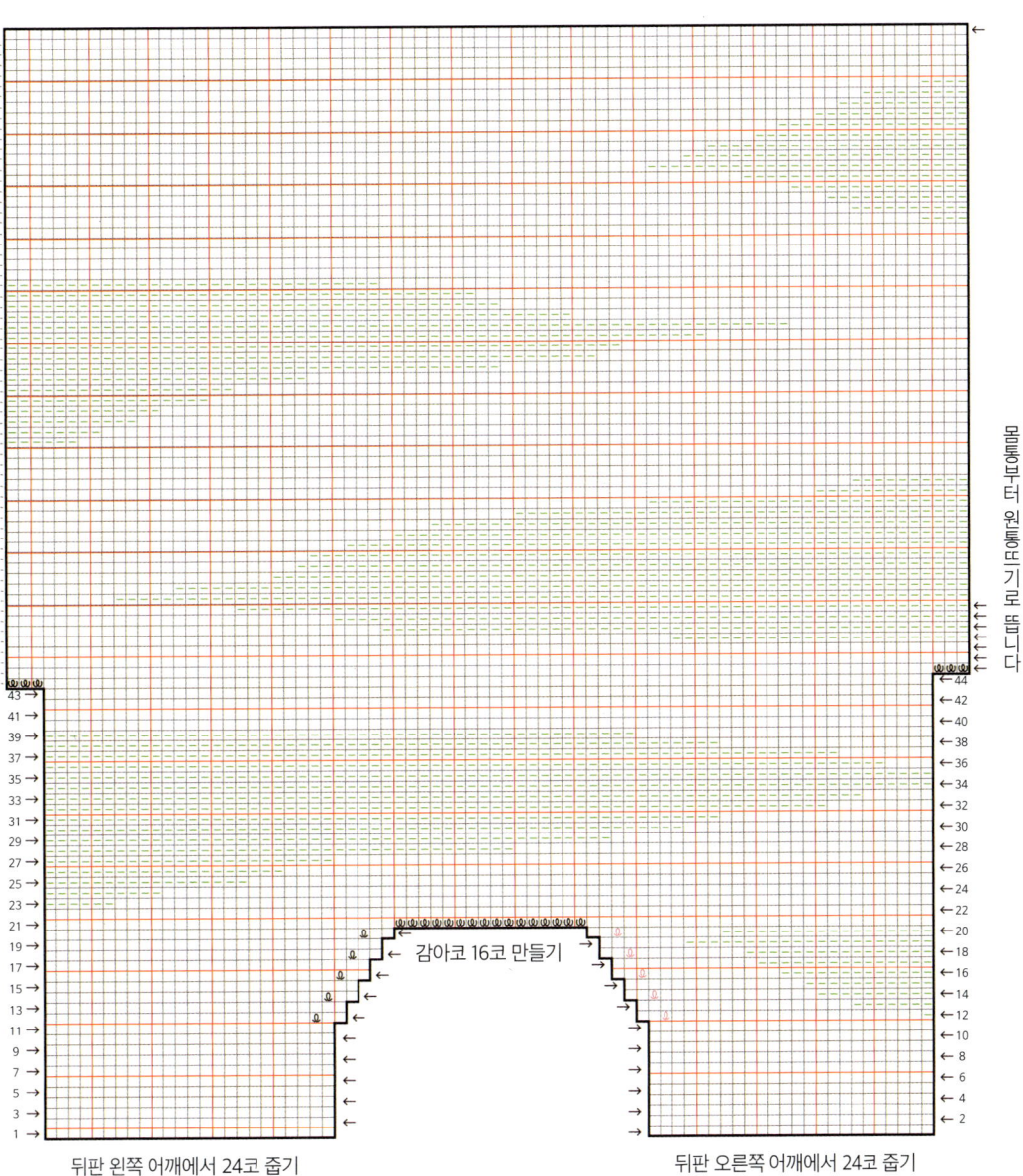

M 뒤판

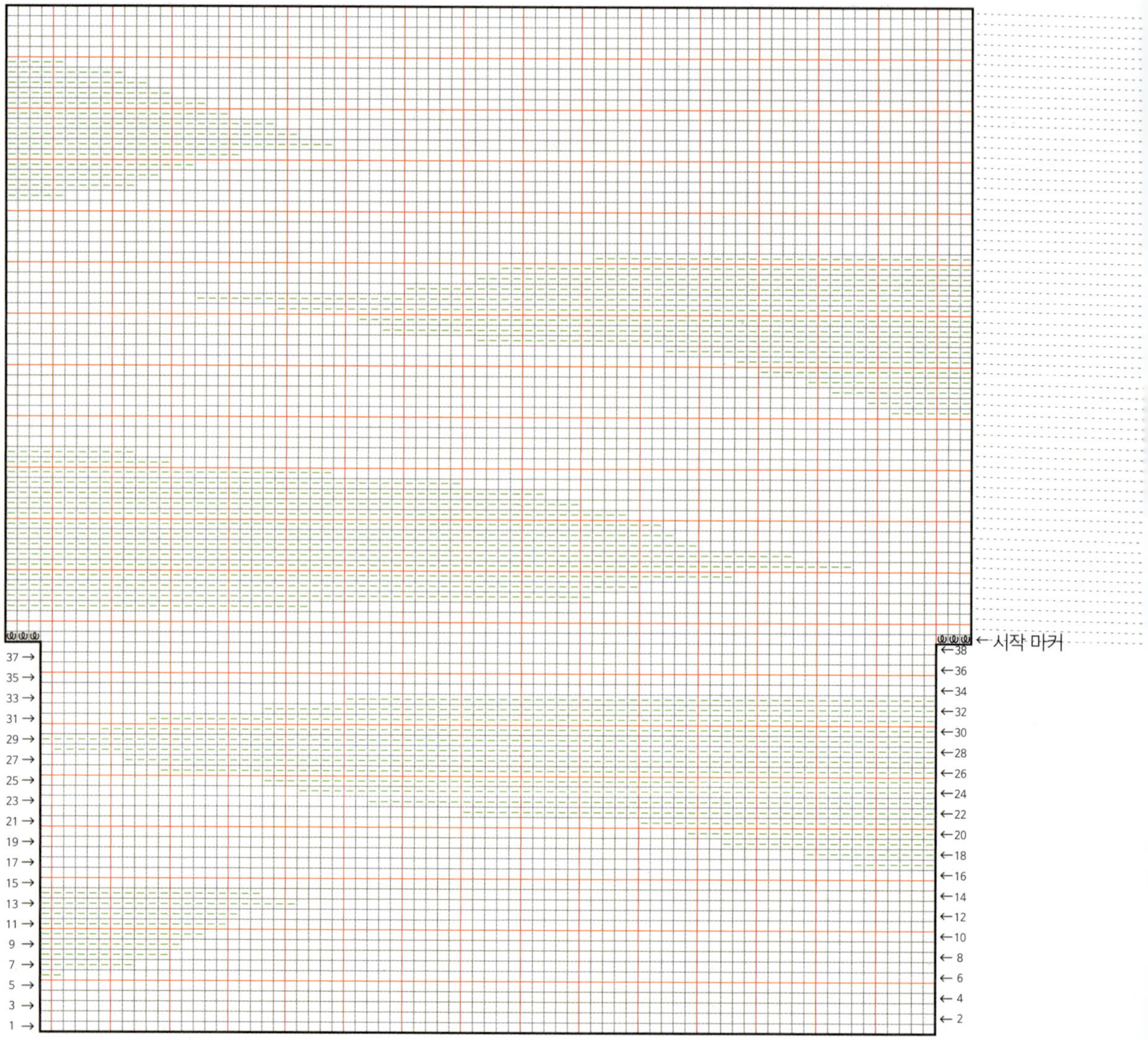

← 시작 마커

일반 코잡기 76코

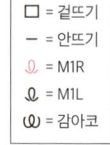

☐ = 겉뜨기
— = 안뜨기
ℚ = M1R
ℚ = M1L
ω = 감아코

M 앞판

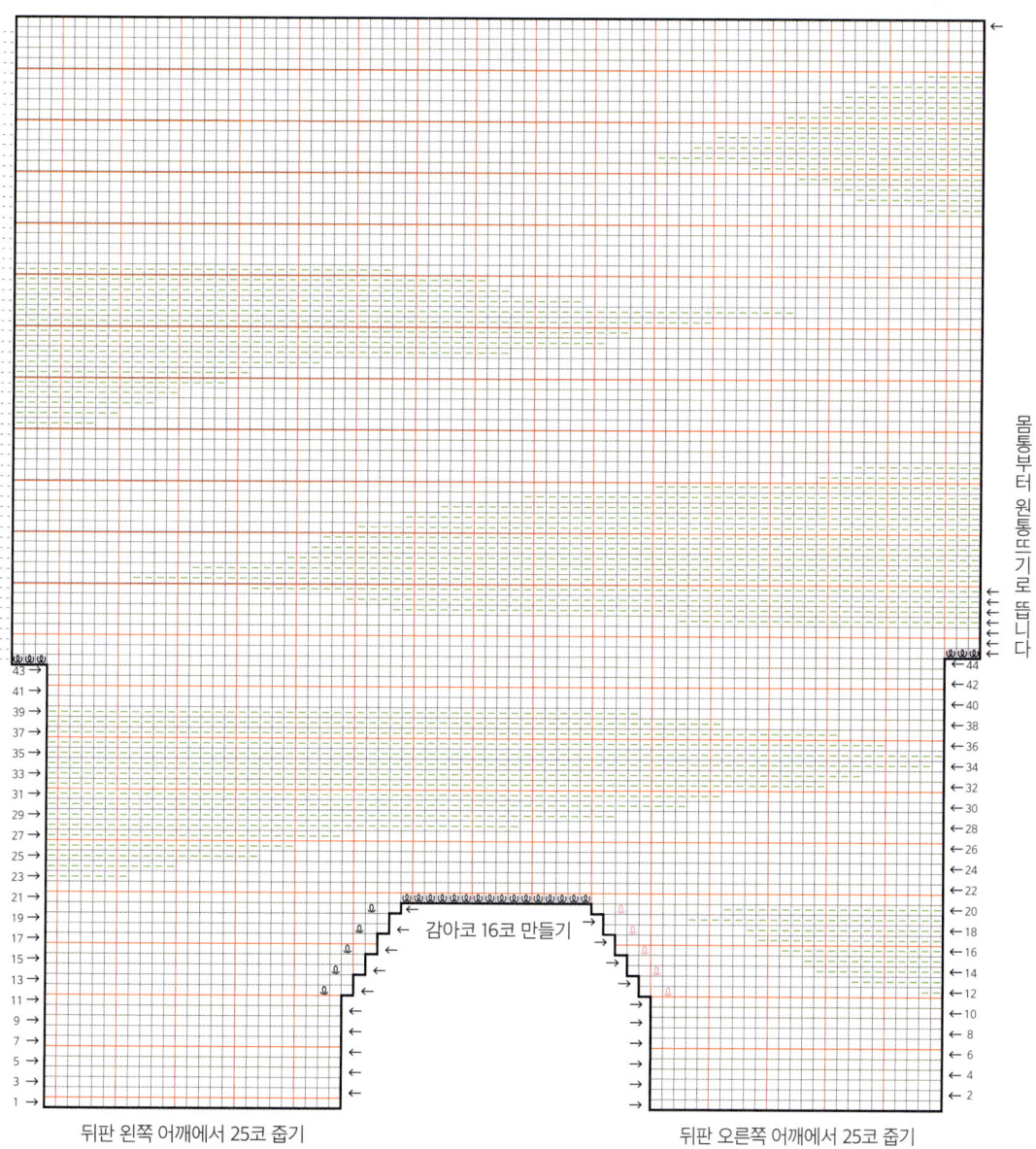

(입었을 때)오른쪽 소매 [XS, S, M]

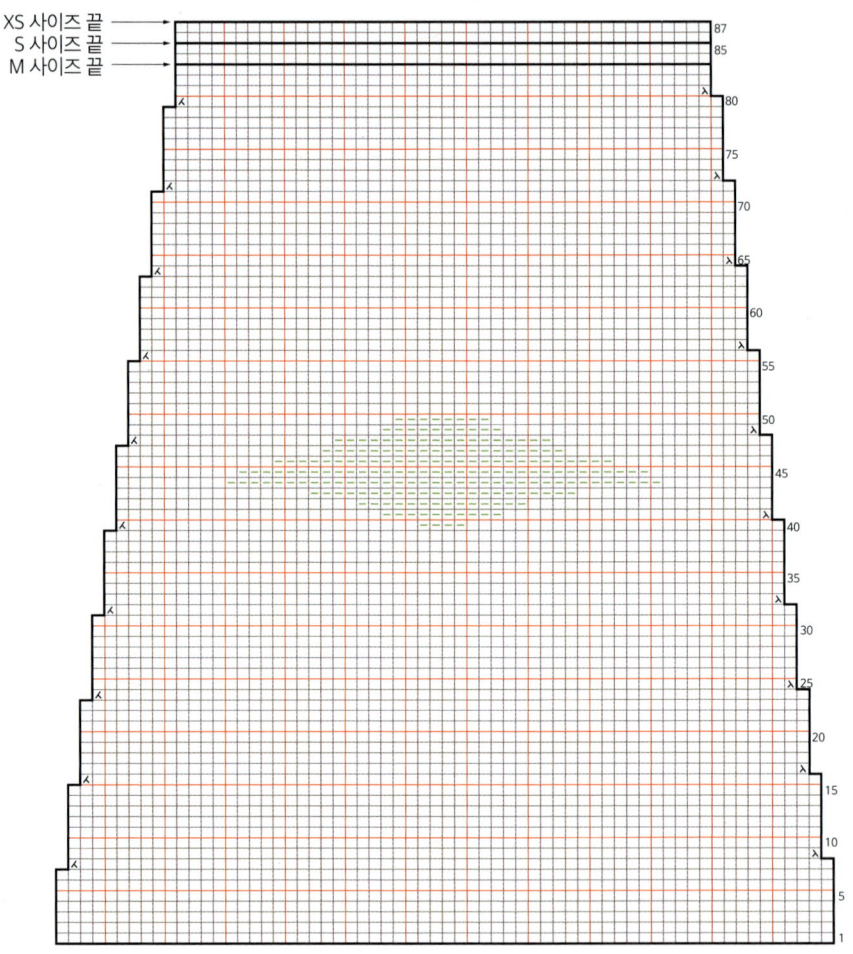

64코 줍기

□ = 겉뜨기
— = 안뜨기
λ = ssk
人 = k2tog

(입었을 때)왼쪽 소매 [XS, S, M]

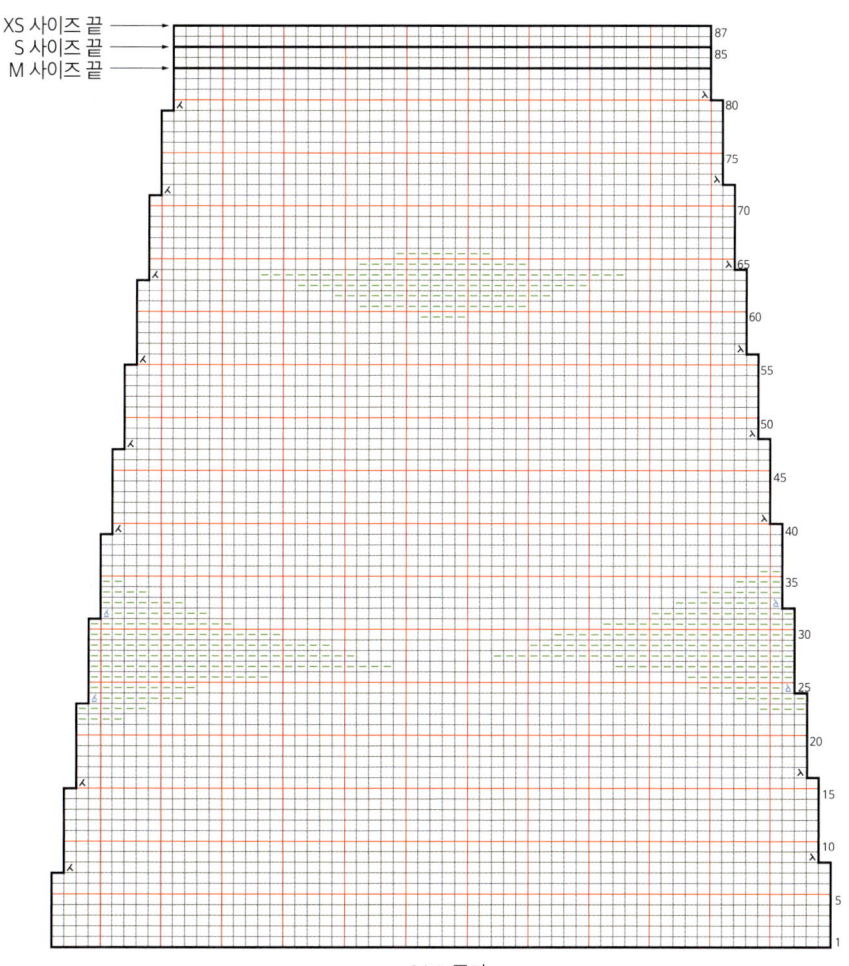

64코 줍기

□ = 겉뜨기
− = 안뜨기
λ = ssk
⋏ = k2tog
λ = ssp
⋏ = p2tog

L 뒤판

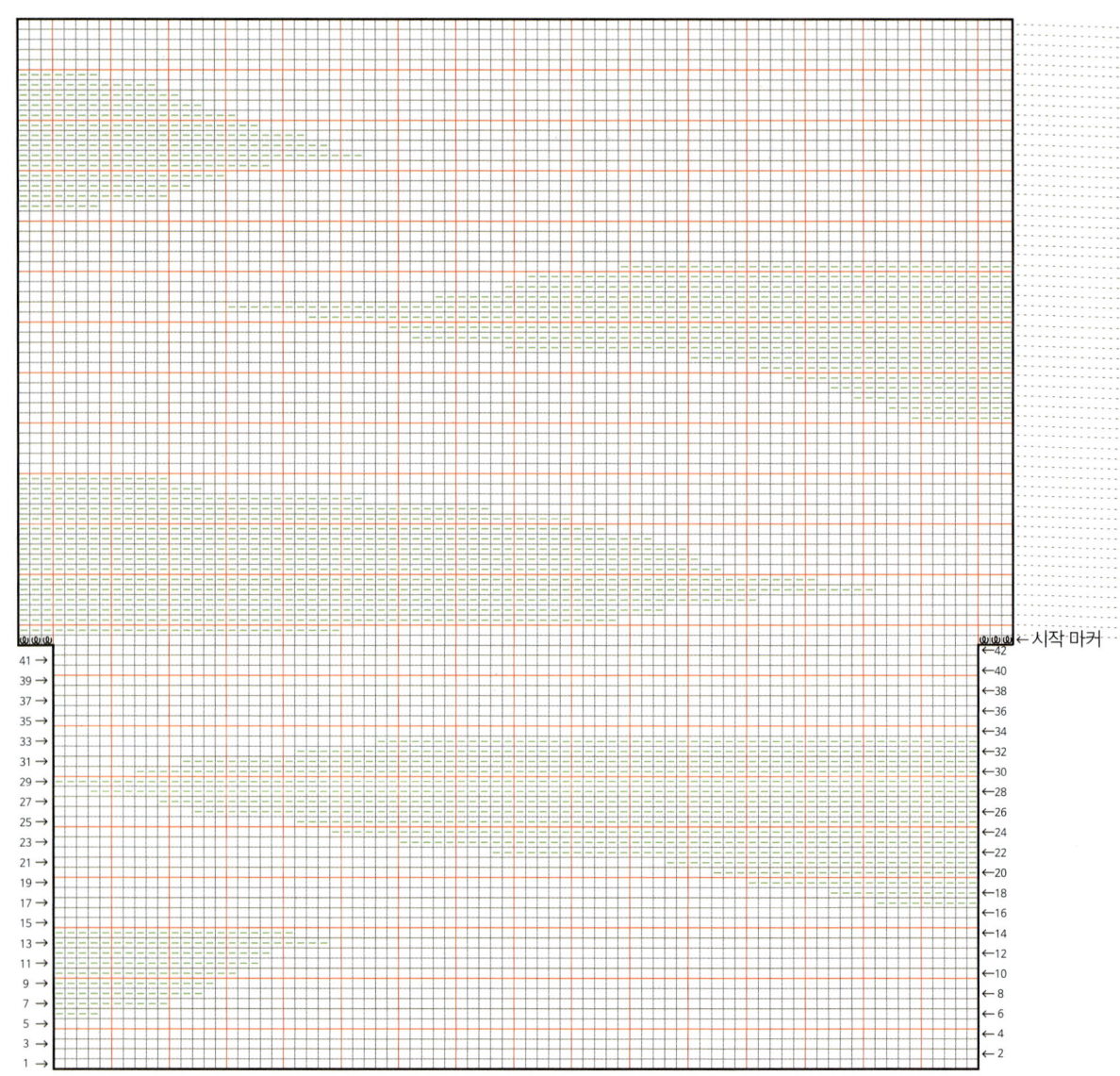

일반 코잡기 80코

□ = 겉뜨기
— = 안뜨기
= M1R
= M1L
= 감아코

L 앞판

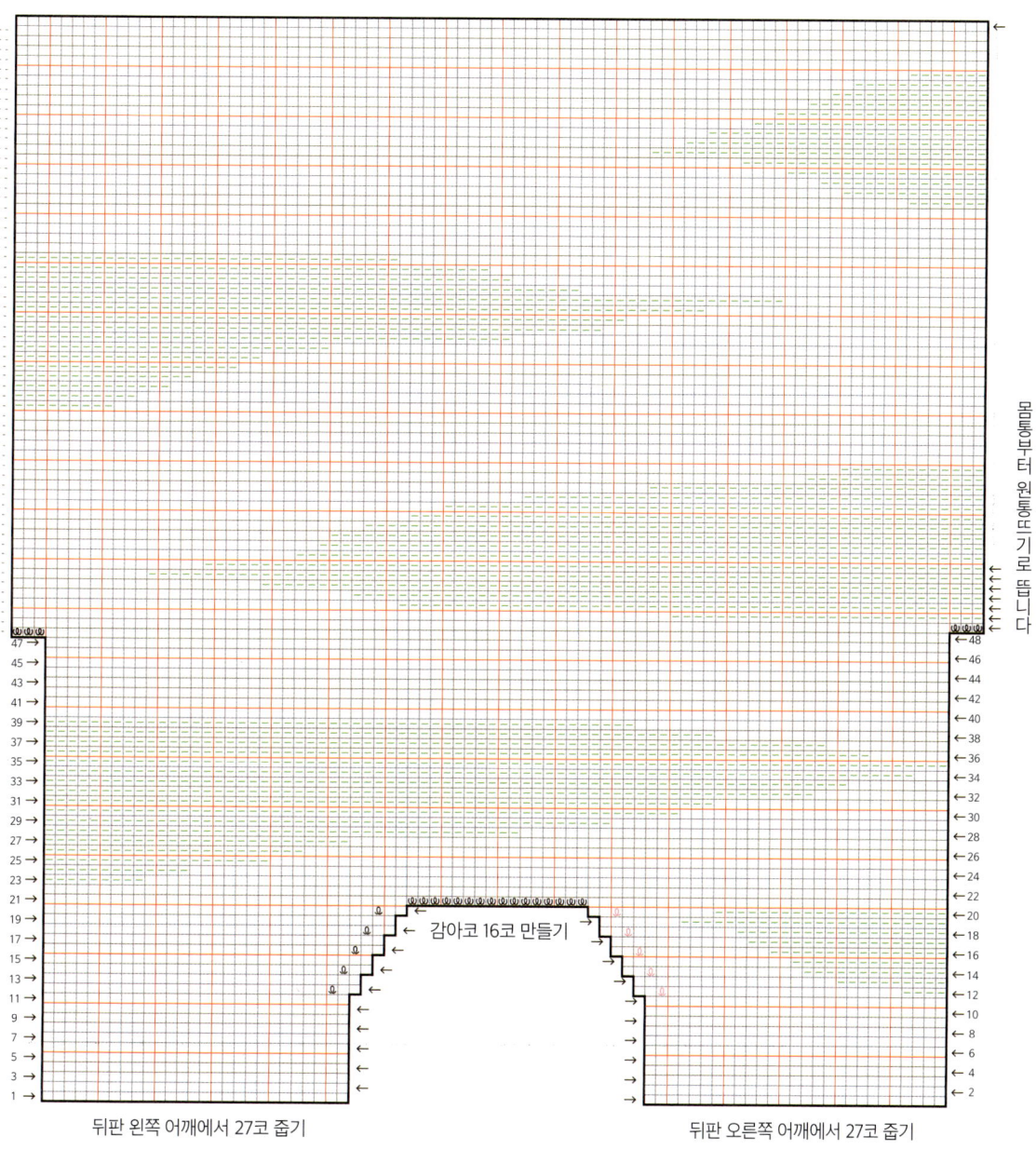

XL 뒤판

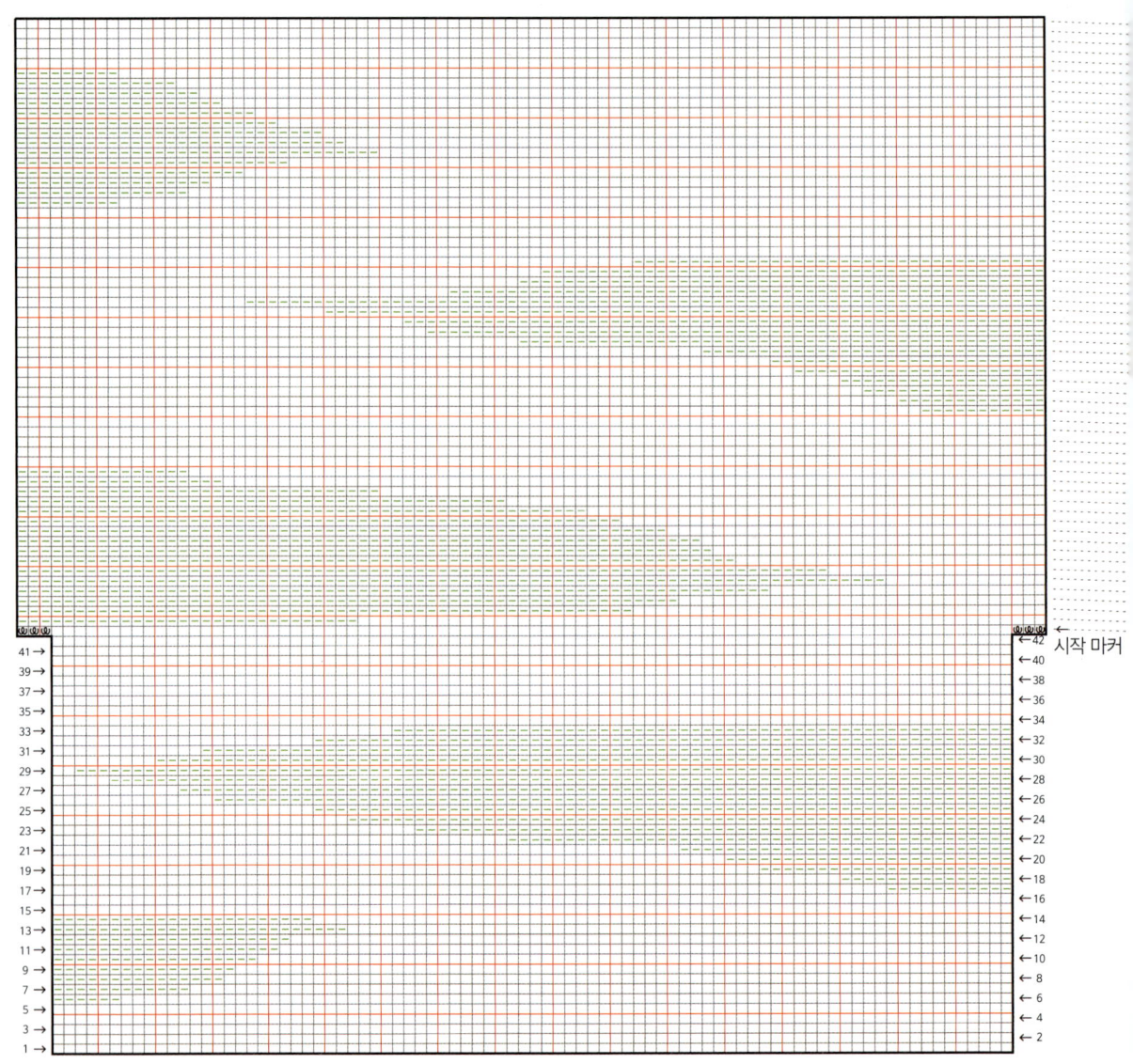

일반 코잡기 84코

□ = 겉뜨기
— = 안뜨기
= M1R
= M1L
= 감아코

XL 앞판

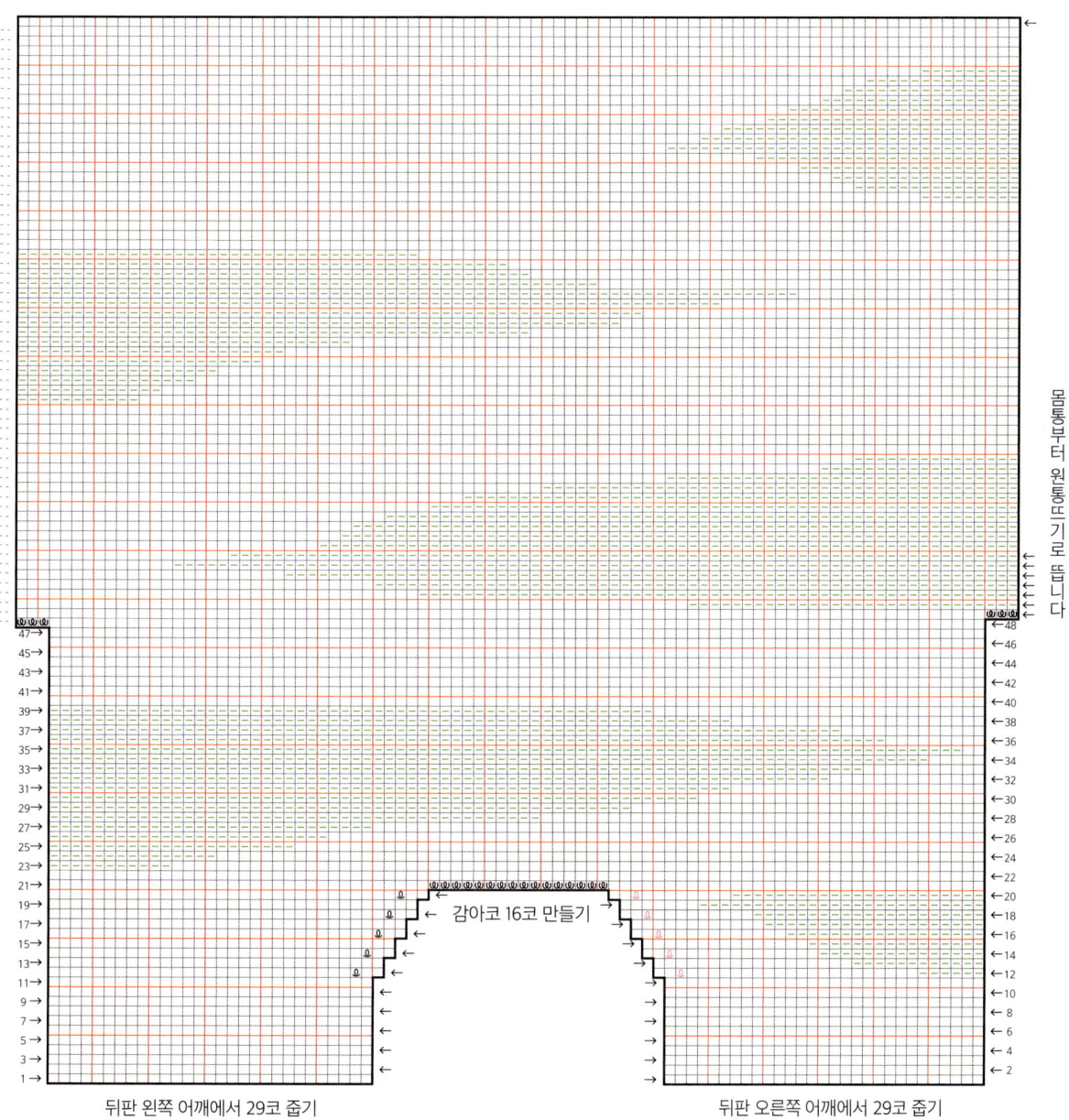

2XL 뒤판

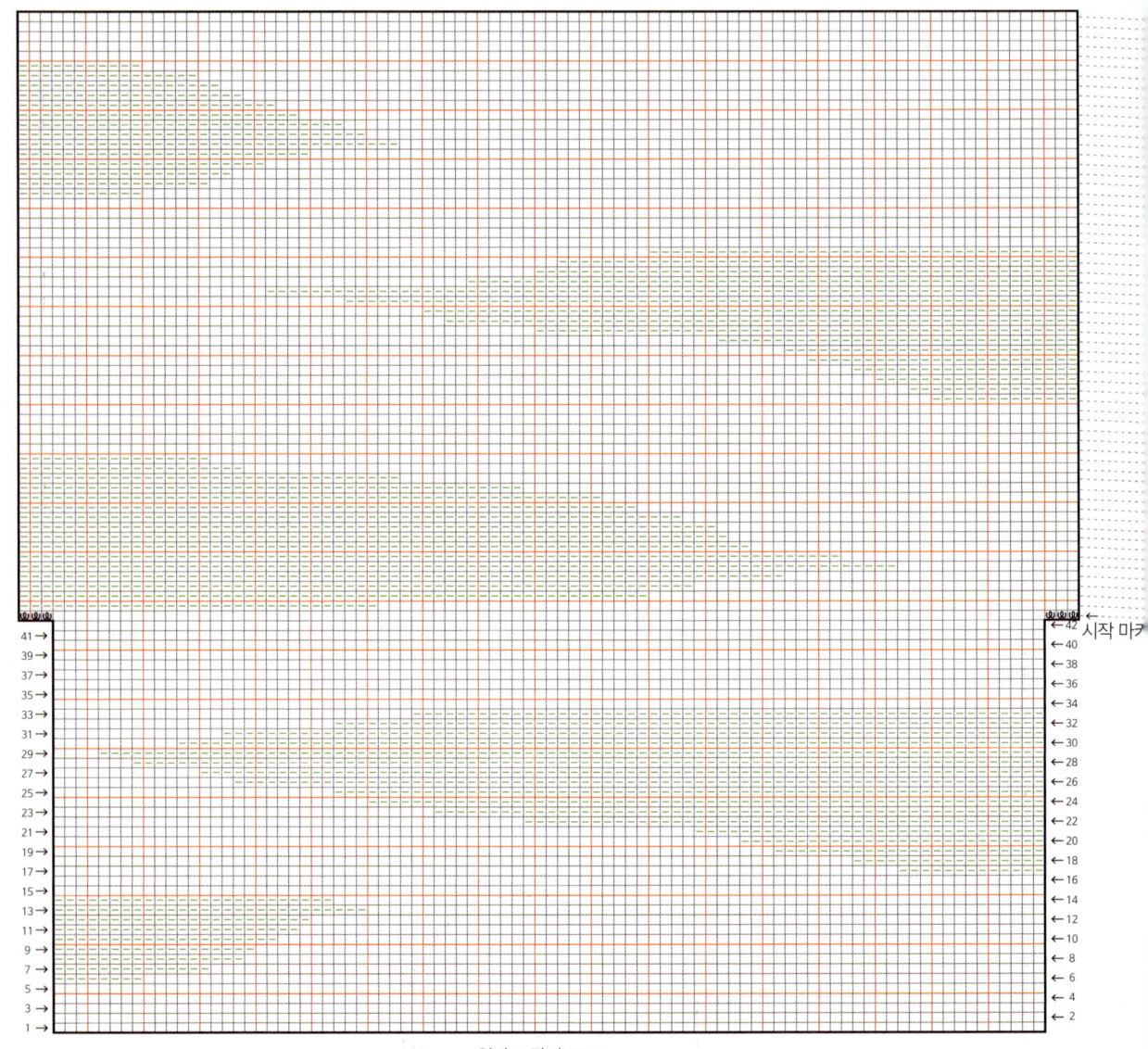

2XL 앞판

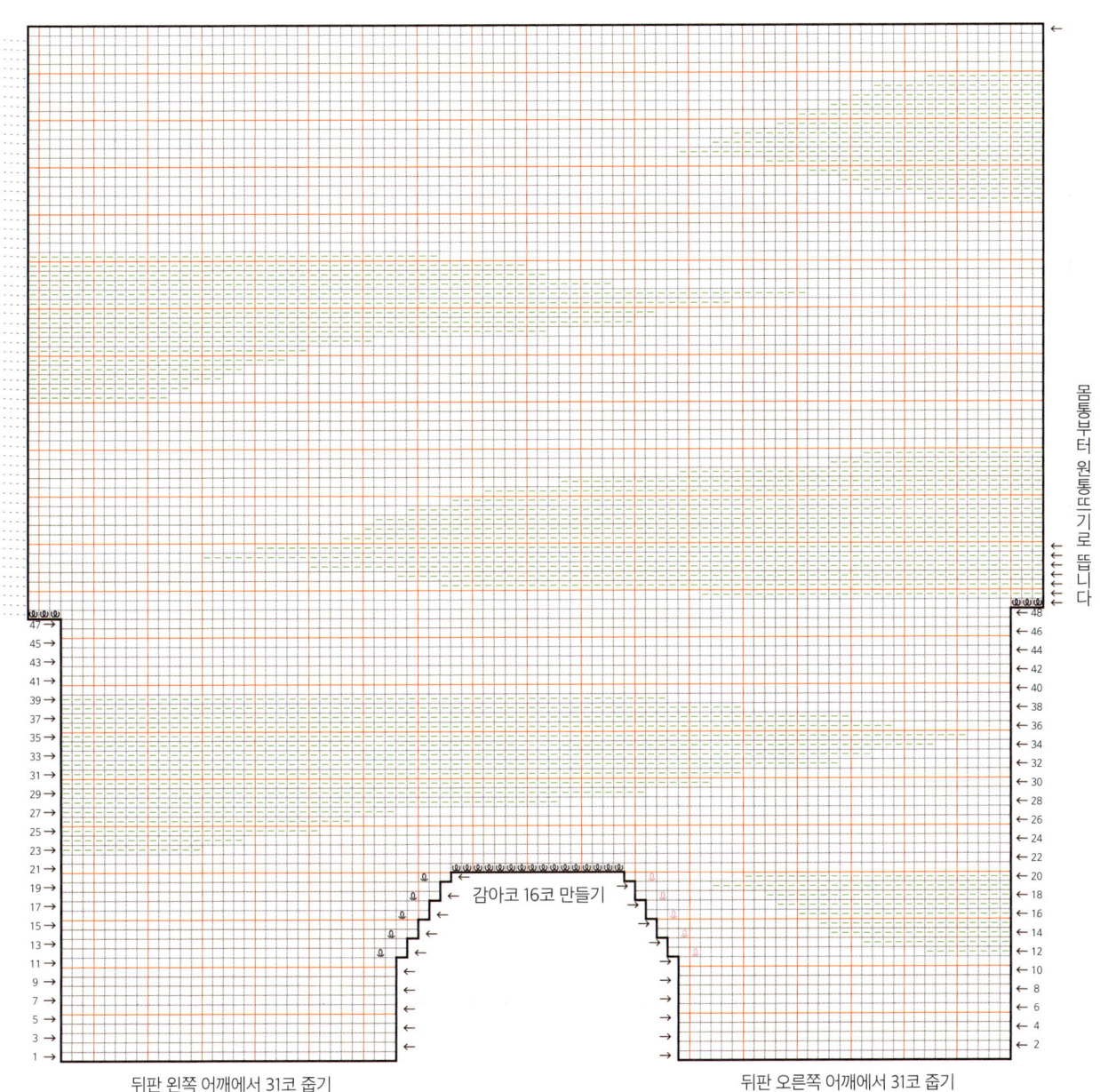

3XL 뒤판

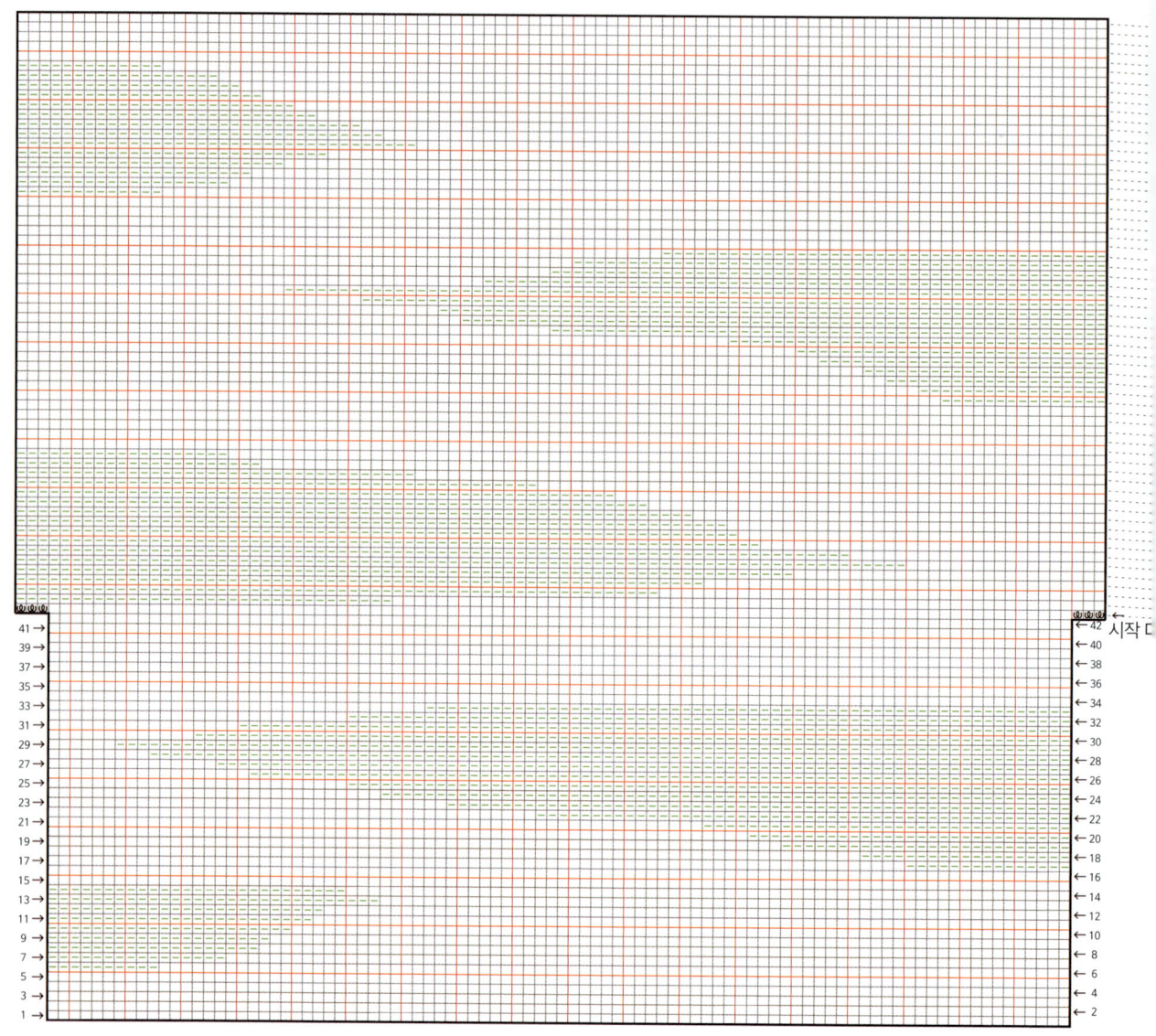

일반 코잡기 92코

□ = 겉뜨기
— = 안뜨기
℧ = M1R
℧ = M1L
ω = 감아코

3XL 앞판

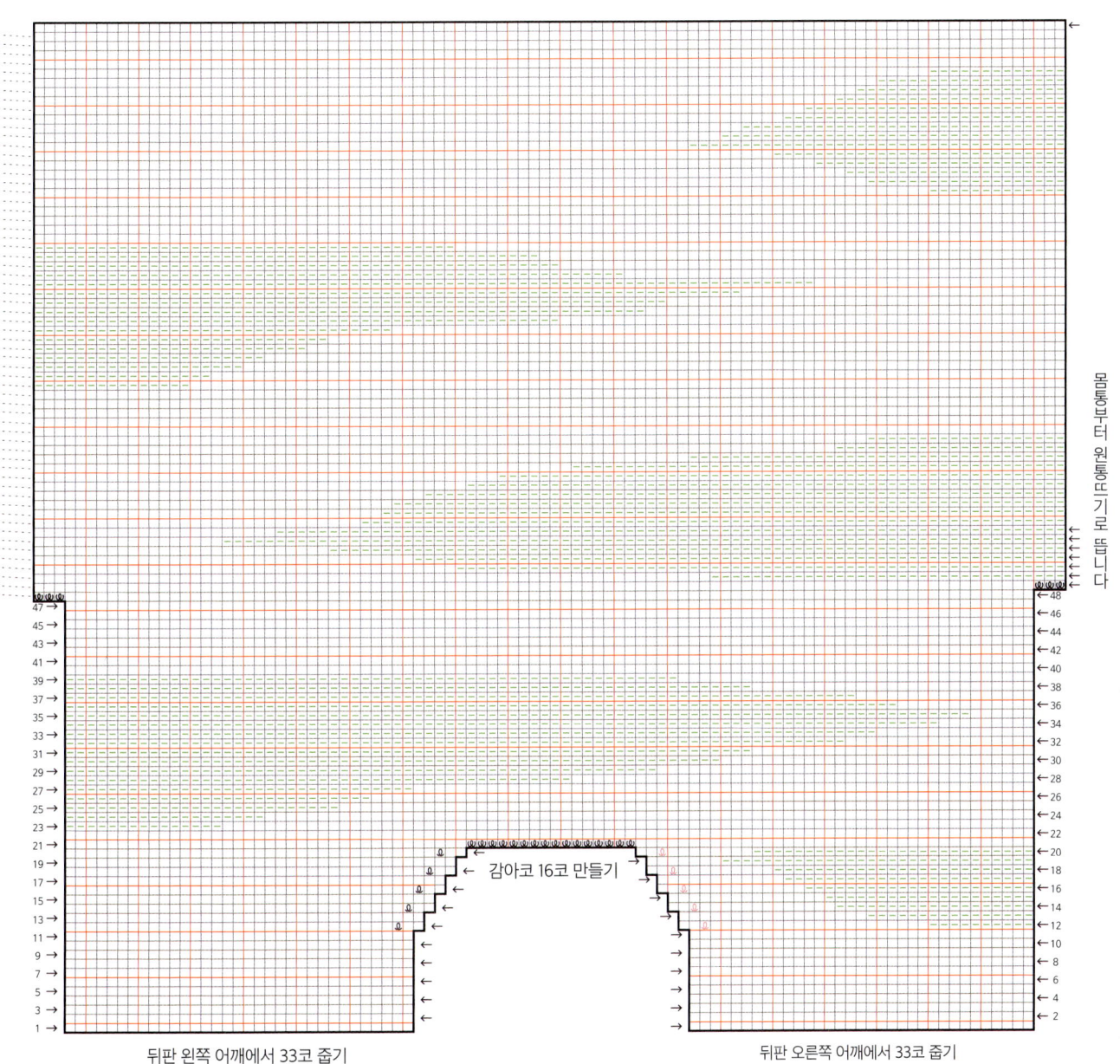

(입었을 때)오른쪽 소매 [L, XL, 2XL, 3XL]

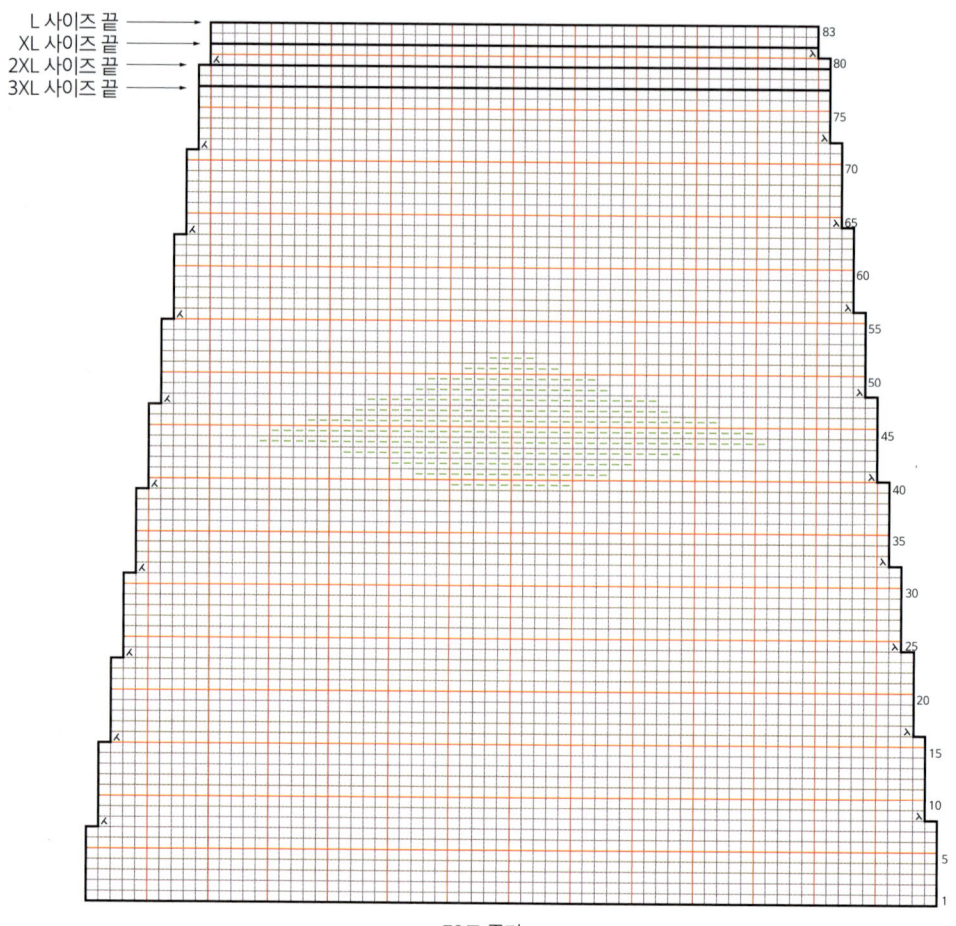

70코 줍기

(입었을 때)왼쪽 소매 [L, XL, 2XL, 3XL]

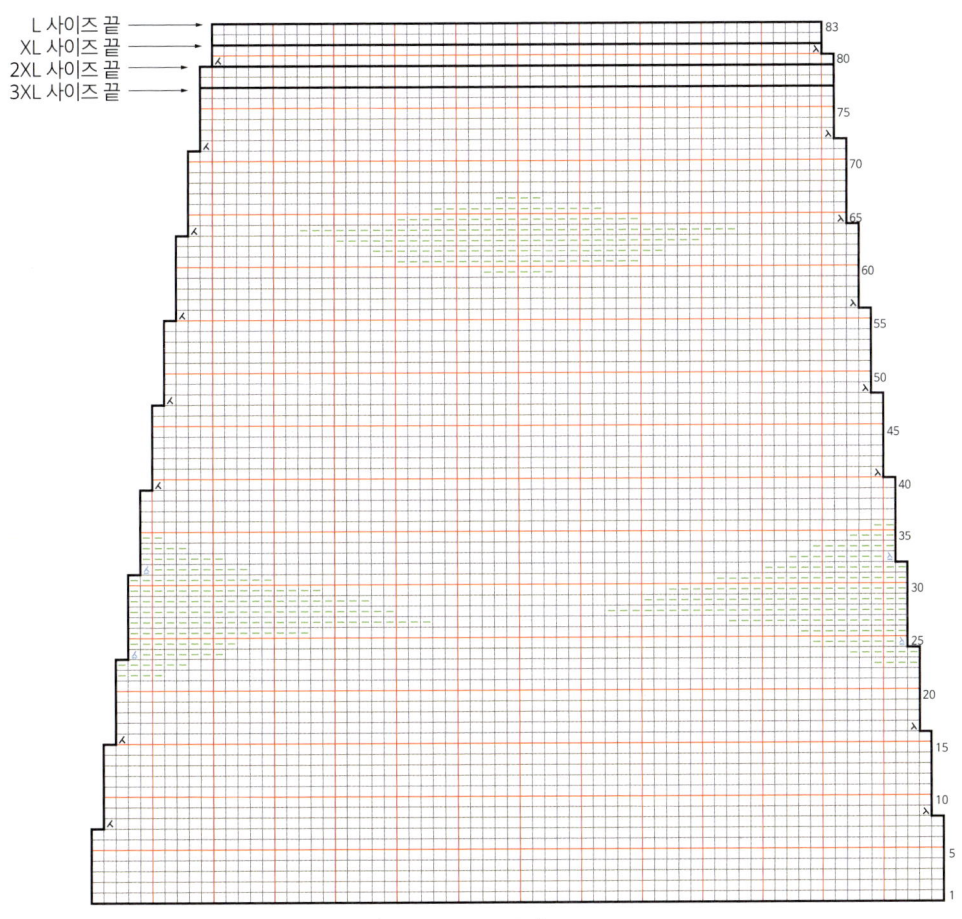

70코 줍기

□ = 겉뜨기
− = 안뜨기
λ = ssk
人 = k2tog
λ = ssp
人 = p2tog

HOW TO MAKE

DROPSHOULDER TOPDOWN SWEATER

드롭숄더 탑다운 스웨터

03

탑다운으로 진행되는 도안입니다.
우선 뒤판을 평면으로 소매통 길이까지 떠준 후, 뒤판의 윗 부분에서 코를 주워
각각 앞판의 오른쪽, 왼쪽 어깨를 떠줍니다. 뒤판의 길이만큼 앞판도 평면으로 떠준 후
뒤판과 앞판을 원형으로 연결하여 몸통을 완성합니다.
몸통을 완성했으면 소매 부분에서 코를 주워 소매를 떠주고,
목둘레에서 코를 주워 목둘레 고무단을 떠주어 마무리합니다.

참고 동영상 QR 코드

재료	메리노블렌드(1볼 / 50g / 180m) 3겹 사용
	0046 아란, 3293 아이비, 3296 듄
	각 4 (4) 4 (4) 5 (5) 5볼씩 총 12 (12) 12 (12) 15 (15) 15볼
바늘	6mm, 7mm(케이블 40cm, 80cm)
게이지	14코 21단(7mm 바늘, 10 × 10cm 메리야스 무늬)
사이즈	XS (S) M (L) XL (2XL) 3XL
가슴둘레	114 (117) 120 (122) 125 (131) 134cm
옷 길이	48 (49) 49 (50) 51 (51) 51cm
모델 착용 사이즈	L

뒤판 뜨기

80cm 케이블을 연결한 7mm 바늘에 74 (76) 78 (80) 82 (84) 86코를 잡아줍니다. 평면뜨기입니다.

1단(안면): 안뜨기
2단(겉면): 겉뜨기

1~2단을 총 44 (46) 46 (48) 50 (50) 50단이 될 때까지 뜹니다. 겉면까지 뜨고 끝나며, 실을 끊고 케이블에 코를 쉬게 둡니다.

오른쪽 어깨 뜨기

7mm 바늘을 이용하여 뒤판 겉면을 바라본 상태에서 바깥쪽에서 안쪽 방향(어깨 → 목)으로 24 (25) 26 (27) 27 (27) 28코를 주워줍니다. 먼저 안뜨기로 한 단을 뜨고 단수 카운팅을 위해 단수 표시링을 걸어 표시를 해둡니다. 이제 처음에 떠준 안뜨기단을 포함하여 총 17 (17) 17 (17) 17 (17) 17단을 메리야스뜨기(겉면에서는 겉뜨기 1단, 안면에서는 안뜨기 1단)로 떠줍니다. 안면에서 끝나며 다음 단은 겉면입니다.

1단(겉면): 마지막 2코 남을 때까지 겉뜨기, M1R, 겉 2
2단(안면): 끝까지 안뜨기

1~2단을 총 4 (4) 4 (4) 4 (4) 4 번 반복한 후, 1단을 한 번 더 떠줍니다(총 5번 늘림을 하게됩니다). 바늘에 걸린 콧수는 총 29 (30) 31 (32) 32 (32) 33코입니다. 실을 자른 후 케이블에 코를 쉬게 둡니다.

끝 ◀----------● 시작

코줍는 방향

[뒤판 겉면]

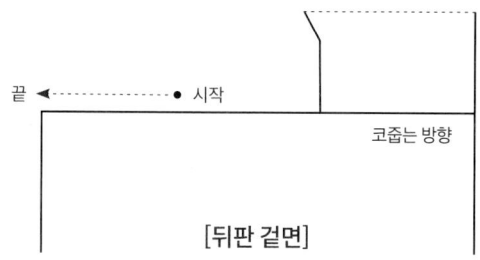

[뒤판 겉면]

왼쪽 어깨 뜨기

7mm 바늘을 이용해 뒤판 겉면을 바라본 상태에서 안쪽에서 바깥쪽 방향(목 → 어깨)으로 24 (25) 26 (27) 27 (27) 28코를 주워줍니다. 먼저 안뜨기로 한 단을 뜨고, 단수 카운팅을 위해 단수 표시링을 걸어 표시를 해둡니다. 이제 처음에 떠준 안뜨기 단을 포함하여 총 17 (17) 17 (17) 17 (17) 17단을 메리야스뜨기(겉면에서는 겉뜨기 1단, 안면에서는 안뜨기 1단)로 떠줍니다. 안면에서 끝나며 다음 단은 겉면입니다.

1단(겉면): 겉 2, M1L, 끝까지 겉뜨기
2단(안면): 끝까지 안뜨기

1~2단을 총 5 (5) 5 (5) 5 (5) 5번 반복합니다. 바늘에 걸린 콧수는 총 29 (30) 31 (32) 32 (32) 33코가 되며, 안면까지 뜬 상태입니다. 이제 뒤집지 않은 상태에서 코가 걸려 있는 바늘에 감아코로 16 (16) 16 (16) 18 (20) 20코를 만들어줍니다. 그다음 쉬게 둔 오른쪽 어깨를 다시 빈 바늘에 끼우고, 안뜨기로 이어서 쭉 떠줍니다. 이제 목 쉐이핑이 끝나고 오른쪽 어깨와 왼쪽 어깨가 합쳐진 상태입니다. 다음 단은 겉면입니다.

이제부터 메리야스뜨기(겉면에서는 겉뜨기 1단, 안면에서는 안뜨기 1단)로 단수 카운팅을 위해 걸어둔 부분부터 셌을 때 총 50 (52) 52 (54) 56 (56) 56단이 될 때까지 떠줍니다. 겉면에서 끝나며, 뒤집지 않은 채로 다음 파트로 넘어갑니다.

몸통 연결하기

이제 앞판과 뒤판이 다 떠진 상태이며, 케이블에는 뒤판 코들이 걸려 있는 상태입니다. 앞판 겉면까지 다 뜬 상태에서 뒤집지 않은 채로 오른쪽 바늘에 감아코로 3 (3) 3 (3) 3 (4) 4코를 만들고 시작 마커를 걸고, 또 감아코 3 (3) 3 (3) 3 (4) 4코를 만들어줍니다(감아코 총 6코 혹은 8코).

바로 이어서 쉬게 두었던 뒤판 코를 모두 겉뜨기로 1단 떠준 후, 뒤집지 않은 채로 감아코로 6 (6) 6 (6) 6 (8) 8코를 만들고 앞판에 걸린 코들도 이어서 시작 마커까지 겉뜨기로 떠줍니다. 다 떠준 후, 이제부터 평면뜨기가 아닌 원통뜨기로 몸통을 작업하게 되며 계속 겉뜨기로만 작업합니다.

몸통 뜨기

이제 바늘에 걸린 총 콧수는 160 (164) 168 (172) 176 (184) 188코입니다. 감아 코를 만들어준 부분부터 쟀을 때 20cm가 될 때까지 혹은 입어보면서 원하는 길이만큼 메리야스뜨기(시작 마커까지 겉뜨기 반복)로 떠줍니다. 그다음 6mm 바늘로 바꾸고 고무단을 뜨기 전에 다음과 같이 코를 줄여줍니다.

줄임단(겉면): [겉 4, K2tog]를 마지막 4 (2) 0 (4) 2 (4) 2코 남을 때까지 반복, 마지막 2코 남을 때까지 겉뜨기, K2tog

이제 다음과 같이 1코 고무단을 떠줍니다.

1코 고무단(겉면): 시작 마커까지 [겉 1, 안 1] 반복

위 고무단을 8cm 가량 떠준 후 일반 코막음 혹은 1코 고무단 돗바늘 마무리로 마무리해줍니다. 만약 홀수라서 규칙이 맞지 않을 때에는 시작 마커 직전 2코를 안 뜨기로 한 번에 떠서 [겉 1, 안 1]의 규칙을 맞춰주면 됩니다.

소매 뜨기

80cm 케이블을 연결한 7mm 바늘을 이용하여 감아코로 6코 혹은 8코를 만들어준 부분의 중간 부분부터 3 (3) 3 (3) 3 (4) 4코를 줍고, 단 부분에서는 3단마다 2코를 주워줍니다(2코 줍고 1단 거르기). 다시 감아코 부분에서 3 (3) 3 (3) 3 (4) 4코를 줍고 시작 마커를 걸어줍니다. 소매 콧수는 대략 70 (74) 74 (76) 78 (80) 80코가 됩니다. 코를 다 줍고나면 아래와 같이 소매 코를 줄이며 떠줍니다.

TIP
줍는 사람마다 콧수는 약간씩 차이가 날 수 있으며, 1~2코 정도의 차이는 맞추지 않고 진행해도 괜찮습니다.

1~7단(겉면): 시작 마커까지 겉뜨기
8단(겉면, 줄임단): 겉 1, ssk, 마지막 3코 남을 때까지 겉뜨기, K2tog, 겉 1

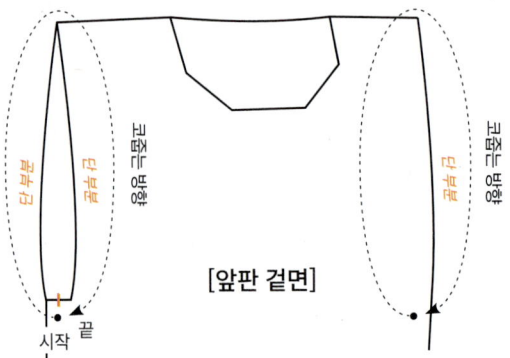

1~8단을 총 11 (11) 11 (11) 11 (11) 11번 반복해준 후, 겉뜨기로만 5단을 더 떠줍니다. 이제 소매 고무단을 들어가기 전 다음과 같이 떠주어 소매 끝부분을 줄여줍니다. 중간에 뜨면서 40cm 케이블로 교체해주면 편하게 뜰 수 있습니다. 긴 바늘로 뜬다면 매직 루프 기법을 이용하여 떠주세요.

소매 고무단 줄임단(겉면): 시작 마커까지 [겉 2, K2tog] 반복

위 줄임단은 한 단만 떠주며 마지막에 규칙이 딱 맞게 끝나지 않을 수 있습니다. 그다음 6mm 바늘로 바꾸고 다음과 같이 1코 고무단을 떠줍니다.

1코 고무단(겉면): 시작 마커까지 [겉 1, 안 1] 반복

위 고무단을 5cm 가량 떠준 후, 일반 코막음 혹은 1코 고무단 돗바늘 마무리로 마무리합니다. 만약 홀수라서 규칙이 맞지 않을 때에는 시작 마커 직전 2코를 안뜨기로 한 번에 떠서 [겉 1, 안 1]의 규칙을 맞춰주면 됩니다.

목둘레 뜨기

목에서 코를 주울 때에는 전체 콧수는 신경쓰지 않고, 40cm 케이블을 연결한 6mm 바늘을 이용하여 뒷목 부분에서는 매 코 줍고, 앞목 감아코 만들어준 부분 가기 전까지는 2코 줍고 1번 걸러 주워줍니다. 코를 다 주워주었으면 시작 마커를 걸고 다음과 같이 떠줍니다.

목 고무단(겉면): 시작 마커까지 [겉 1, 안 1] 반복

위 고무단을 4cm 가량 떠준 후, 일반 코막음 혹은 1코 고무단 돗바늘 마무리로 마무리합니다. 만약 홀수라서 규칙이 맞지 않을 때에는 시작 마커 직전 2코를 안뜨기로 한 번에 떠서 [겉 1, 안 1]의 규칙을 맞춰주면 됩니다. 고무단까지 다 떠주었으면, 돗바늘을 이용해 남은 꼬리실들을 코 사이사이에 숨겨 마무리해줍니다.

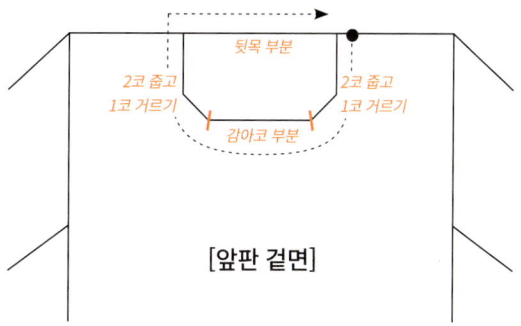

HOW TO MAKE

BLACKBERRY ARAN CARDIGAN

블랙베리 아란 카디건

04

블랙베리 아란 카디건은 바텀업 방식으로 제작됩니다.
무늬 차트를 보며 평면뜨기로 앞판, 뒤판, 소매를 각각 완성해주고,
모든 조각을 돗바늘로 꿰매어 완성합니다.
손으로만 만들 수 있는 블랙베리 스티치를 중앙에 배치하여 포인트를 주었습니다.
세미 오버사이즈 핏이므로 넉넉한 핏으로 입고자 한다면
정사이즈로 선택하는 것을 추천합니다.

참고 동영상 QR 코드

재료	울 아란(1볼 / 100g / 180m) 7 (7) 9 (10) 11볼 혹은 패션아란(1볼 / 400g / 800m) 2 (2) 2 (2) 3볼 (각 약 560 (600) 700 (800) 950g 소요), 단추 25mm 4개
바늘	5mm, 4mm (케이블 40cm, 80cm)
게이지	9코 12단(5mm 바늘, 5 × 5cm 멍석 무늬)
	12코 12단(5mm 바늘, 4.5 × 4.5cm 2코 교차 + 안 1 + 6코 교차 + 안 1 + 2코 교차 무늬)
	16코 12단(5mm 바늘, 6.5 × 4.5cm 16코 V자 모양 교차 무늬)
	12코 12단(5mm 바늘, 5 × 4.5cm, 블랙베리 스티치 무늬)
사이즈	S (M) L (XL) 2XL
가슴둘레	97 (100) 112 (122) 132cm
옷 길이	51 (51) 58 (62) 62cm
모델 착용 사이즈	M

도안 읽는 방법

겉면(짝수단)은 오른쪽에서 왼쪽으로 화살표 방향대로 보이는 기호 그대로 읽고, 안면(홀수단)은 왼쪽에서 오른쪽으로 화살표 방향대로 보이는 기호의 반대로 읽습니다. 예를 들어, 안면(홀수단)을 뜰 차례에 세로줄을 만나면 안뜨기로 떠주고, 가로줄을 만나면 겉뜨기로 떠주면 됩니다. 모든 꽈배기 무늬는 겉면에서만 이루어지나, 중앙에 위치한 블랙베리 스티치의 경우 안면에서 무늬를 만들고 겉면에서는 안뜨기로만 뜨게 되니 반대로 뜨지 않도록 주의해주세요.
모두 평면뜨기로 뜹니다.

뒤판 뜨기

80cm 케이블을 연결한 4mm 바늘에 120 (124) 136 (152) 162코를 잡아줍니다. 코를 잡을 때에는 일반 코잡기, 흔들코, 풀어내는 코잡기 등 원하는 코잡는 방식을 선택하여 잡아주어도 무방합니다. 샘플은 끌어올리기 고무단(동영상 참고)을 사용하였습니다. S, M, L, XL 사이즈는 안뜨기로 시작하여 겉뜨기로 끝나는 1코 고무단(안 1, 겉 1 반복)으로, 2XL 사이즈는 겉뜨기로 시작하여 안뜨기로 끝나는 1코 고무단(겉 1, 안 1 반복)으로 18단을 뜹니다. 5mm 바늘로 바꾸고 안뜨기 한 단(몸통 무늬 차트 1단에 해당)을 떠주고 몸통 무늬 차트 2단(겉면)부터 무늬에 맞춰 뜹니다. 어깨 부분을 뜰 때에는 무늬 차트의 왼쪽 부분에 위치한 어깨 부분 먼저 떠준 다음, 코막음을 하지 않고 코를 쉬게 둔 후 실을 끊어줍니다. 그다음 새 실을 걸어 무늬 차트에서 새 실 거는 위치를 확인 후 안쪽 면부터 시작하여 반대편 어깨와 동일하게 코막음을 하지 않고 코를 쉬게 둔 후 실을 끊어줍니다.

앞판 뜨기

80cm 케이블을 연결한 4mm 바늘에 56 (58) 64 (72) 77코를 잡아줍니다. 코를 잡을 때에는 일반 코잡기, 흔들코, 풀어내는 코잡기 등 원하는 코잡는 방식을 선택하여 잡아주어도 무방합니다. 샘플은 끌어올리기 고무단(동영상 참고)을 사용하였습니다. S, M ,L, XL 사이즈는 안뜨기로 시작하여 겉뜨기로 끝나는 1코 고무단(안 1, 겉 1 반복)으로, 2XL 사이즈는 겉뜨기로 시작하여 안뜨기로 끝나는 1코 고무단(겉 1, 안 1 반복)으로 18단을 뜹니다. 5mm 바늘로 바꾸고 안뜨기 한 단(몸통 무늬 차트 1단에 해당)을 떠주고 몸통 무늬 차트 2단(겉면)부터 무늬에 맞춰 뜹니다. 뒤판과 동일하게 코막음을 하지 않고 코를 쉬게 둔 후 실을 끊어줍니다. 양쪽을 모두 완성합니다.

앞판과 뒤판이 모두 완성되면, 어깨 겉과 겉끼리 마주보고 3 니들 바인드 오프 (3-needle-bind off)(동영상 참고) 방식으로 어깨를 이어줍니다. 어깨를 이어준 후 세탁하여 블로킹합니다.

소매 뜨기

80cm 케이블을 연결한 4mm 바늘에 66 (66) 66 (66) 70코를 잡아줍니다. 코를 잡을 때에는 일반 코잡기, 흔들코, 풀어내는 코잡기 등 원하는 코잡는 방식을 선택하여 잡아주어도 무방합니다. 샘플은 끌어올리기 고무단(동영상 참고)을 사용하였습니다. S, M 사이즈는 안뜨기로 시작하여 겉뜨기로 끝나는 1코 고무단(겉 1, 안 1 반복)으로, L, XL, 2XL 사이즈는 겉뜨기로 시작하여 안뜨기로 끝나는 1코 고무단(겉 1, 안 1 반복)으로 18단을 뜹니다. 5mm 바늘로 바꾸고 안뜨기 한 단(소매 무늬 차트 1단에 해당)을 떠주되, L (XL) 2XL 사이즈는 도안에 표시된 곳을 따라 중간중간 코를 늘려 74 (74) 82코를 만들어준 다음 소매 무늬 차트 2단(겉면)부터 무늬에 맞춰 뜹니다. 모두 코막음 후 소매가 총 2개 완성되었으면 세탁하여 블로킹합니다.

몸통/소매 잇기

소매산과 몸통 진동 부분을 먼저 이어줍니다. 소매 중심과 몸통 어깨선 중심 선을 맞추어 시침핀 등으로 미리 자리를 잡아준 후, 돗바늘로 연결합니다. 특별한 규칙이나 방법 없이 울지 않도록 반코 정도의 시접을 두고 연결해줍니다. 몸통과 소매 옆선의 단도 돗바늘로 이어줍니다.

왼쪽 앞판 버튼밴드

80cm 케이블을 연결한 4mm 바늘을 이용해 입었을 때 기준으로 왼쪽 앞판의 겉면을 바라보고 목에서 고무단 방향으로 매 단 코를 주워줍니다. 총 약 110 (110) 134 (146) 146코가 됩니다(콧수가 정확히 맞지 않아도 매 코 매 단 주워 짝수로만 맞춰주면 됩니다). 안뜨기로 시작하여 겉뜨기로 끝나는 1코 고무단(안 1, 겉 1 반복)으로 7단을 뜨고 1코 고무단 돗바늘 마무리로 코막음합니다.

오른쪽 앞판 버튼밴드(단춧구멍)

80cm 케이블을 연결한 4mm 바늘을 이용해 입었을 때 기준으로 오른쪽 앞판의 겉면을 바라보고 고무단 끝에서 목 방향으로 매 단 코를 주워줍니다. 총 약 110 (110) 134 (146) 146코가 됩니다(왼쪽 버튼밴드 콧수와 맞춰줍니다). 단춧구멍을 달아줄 위치 네 곳을 미리 표시한 후, 아래와 같이 뜹니다.

1단: [겉 1, 안 1] 반복
2단: [겉 1, 안 1] 반복
3단: [겉 1, 안 1] 반복하면서 단춧구멍 표시한 부분 근처에서 겉뜨기 코까지 뜨고 바늘비우기, k2tog
4단: 바늘비우기 코는 겉뜨기로 뜨면서 [겉 1, 안 1] 반복
5단: [겉 1, 안 1] 반복
6단: [겉 1, 안 1] 반복
7단: [겉 1, 안 1] 반복

7단까지 뜬 후 1코 고무단 돗바늘 마무리로 코막음합니다.

목둘레 뜨기

40cm 혹은 80cm 케이블을 연결한 4mm 바늘을 이용해 입었을 때 기준으로 오른쪽 앞판의 겉면을 바라보고 버튼밴드 끝부분부터 코를 주워줍니다. 뒷목의 코 부분과 앞목의 코 부분, 버튼밴드 부분에서는 매 코 줍고, 목의 평단 부분에서는 3단마다 2코씩 주워 총 약 105 (111) 111 (111) 111코를 주워줍니다. 콧수는 정확히 맞지 않아도 되며, 1코 고무단을 위해 홀수로만 맞춰주어도 좋습니다. 안뜨기로 시작하여 안뜨기로 끝나는 1코 고무단(안 1, 겉 1 반복) 7단을 뜬 후 1코 고무단 돗바늘 마무리로 코막음합니다. 단추를 달아 마무리합니다.

S 앞판

S 뒤판

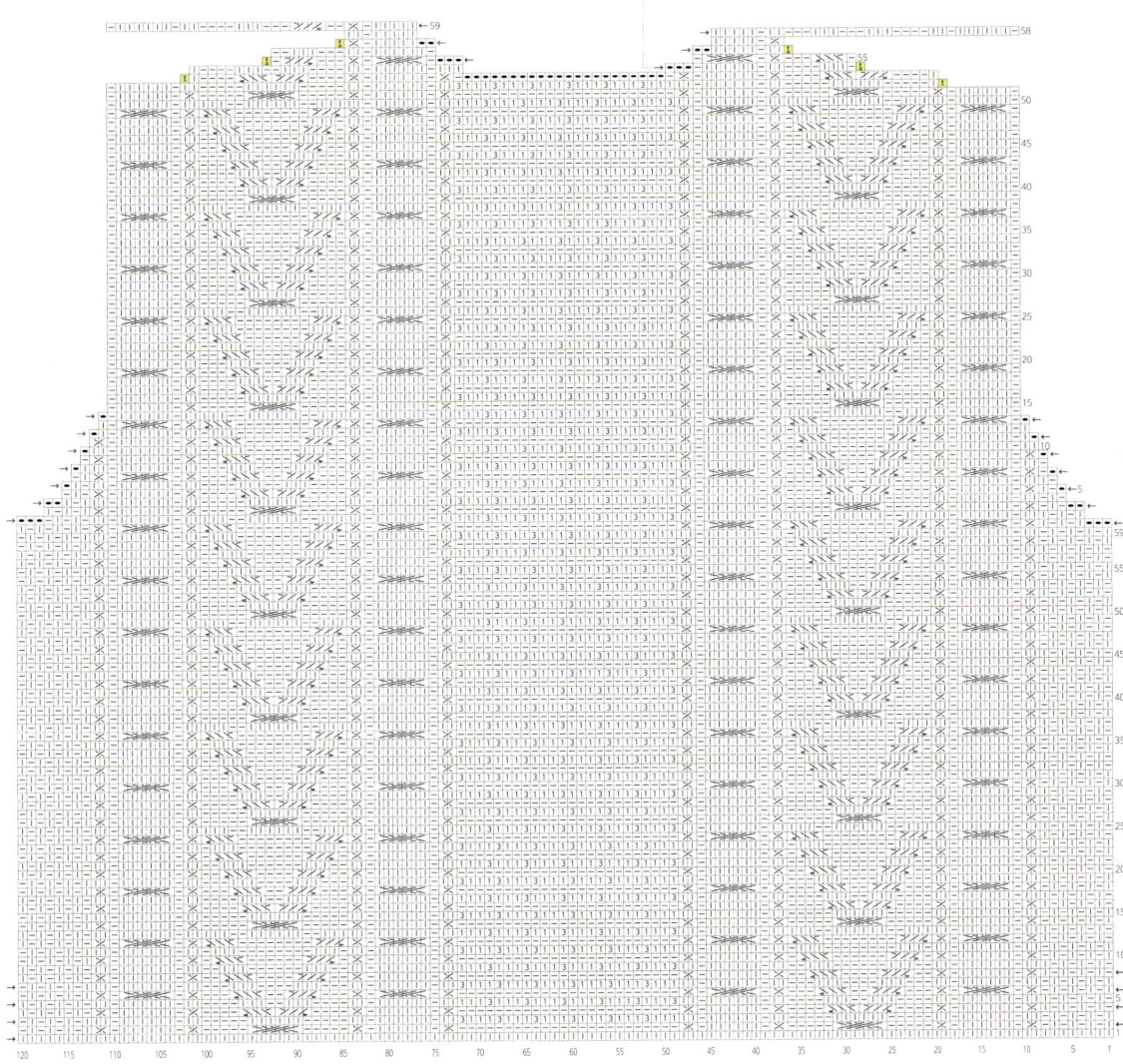

S 소매

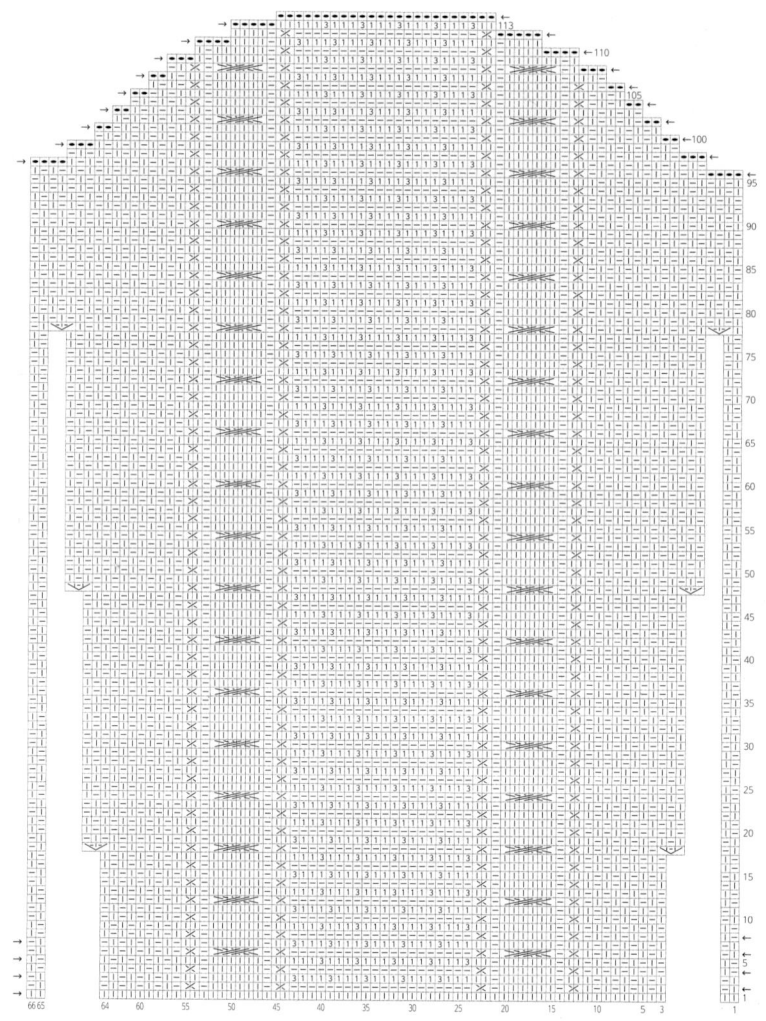

M 앞판

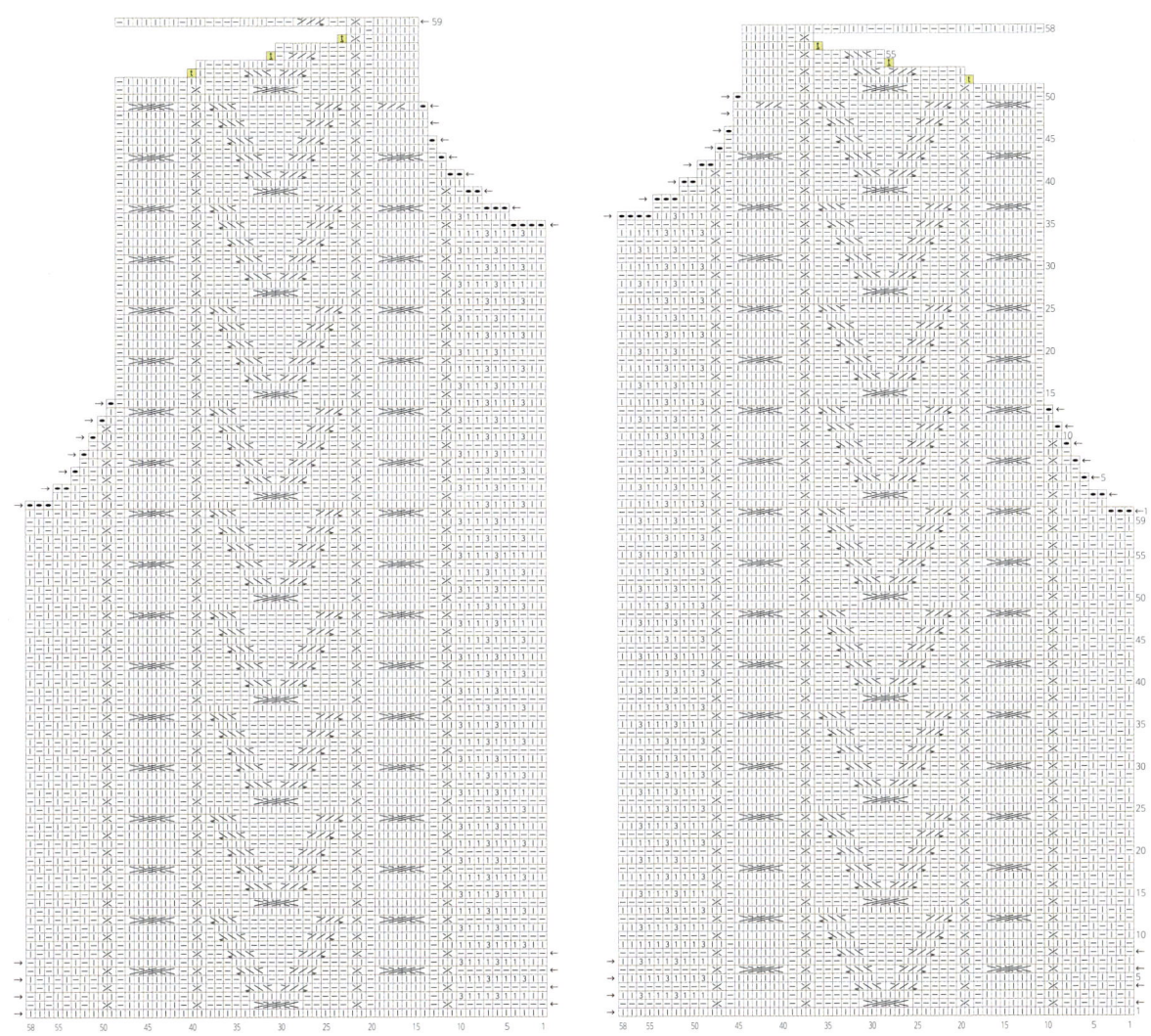

M 뒤판

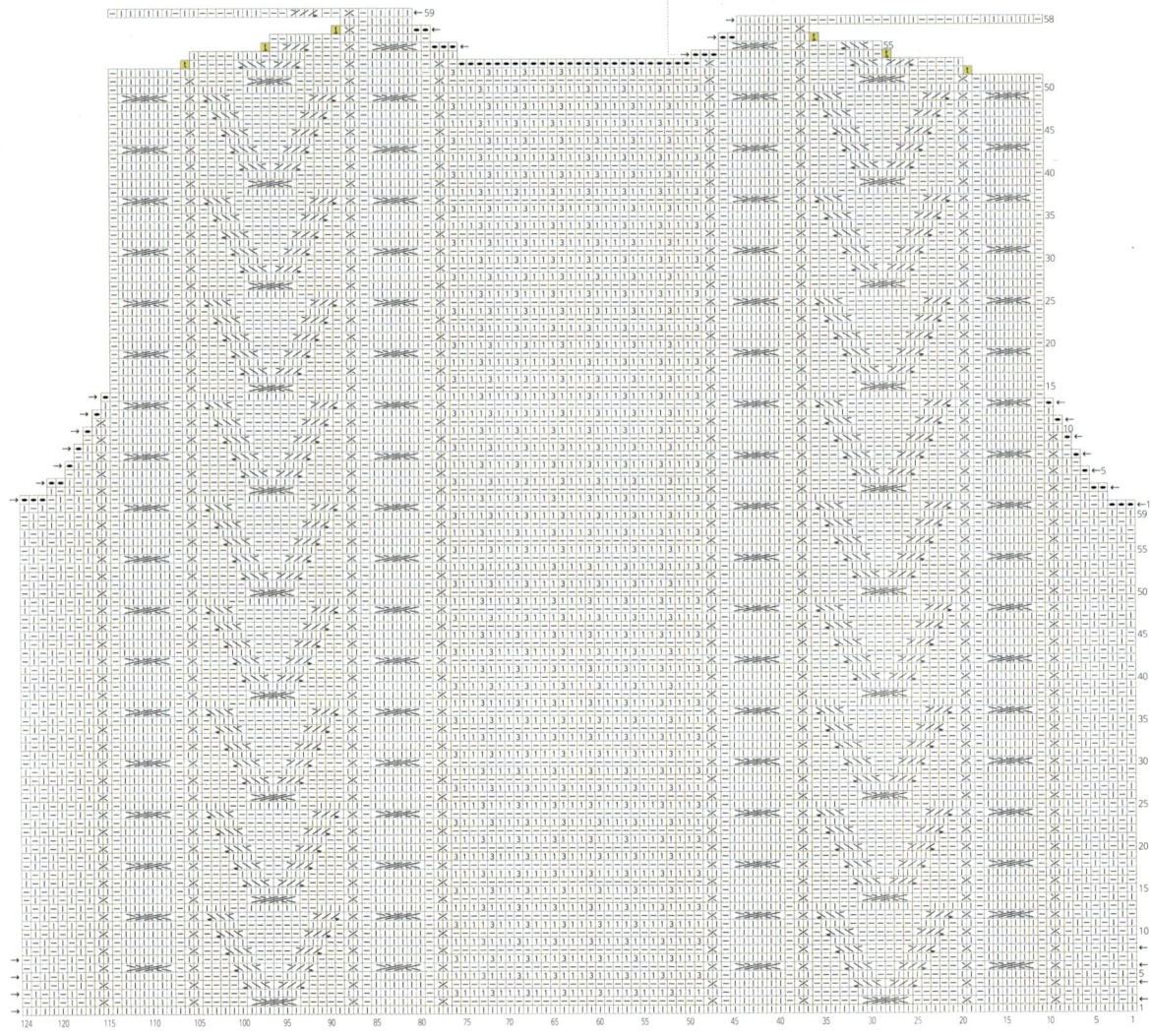

M 소매

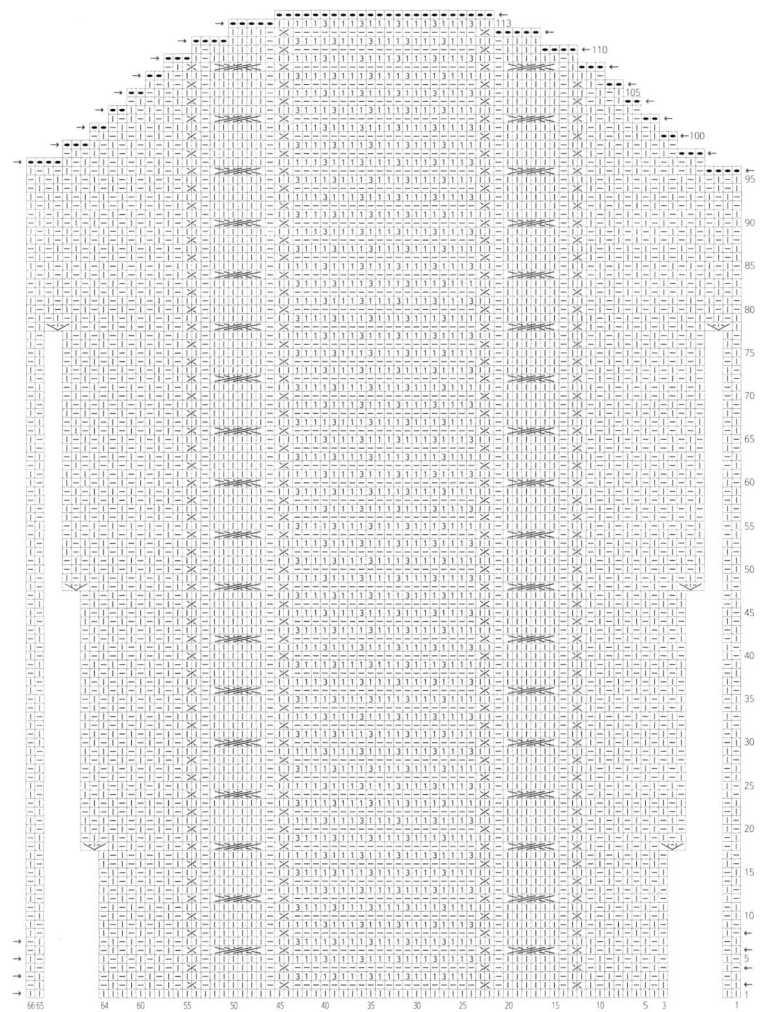

	= 겉뜨기	3 = ⋎ = 겉안겉으로 1코에서 3코로 늘려뜨기
	— = 안뜨기	
	⋈ = 왼코 위 3코 교차뜨기	⋏ = 안겉안으로 1코에서 3코로 늘려뜨기
	✕ = 왼코 위 교차뜨기	
111 = ⋏	= p3tog	• = 덮어씌우기

L 앞판

L 뒤판

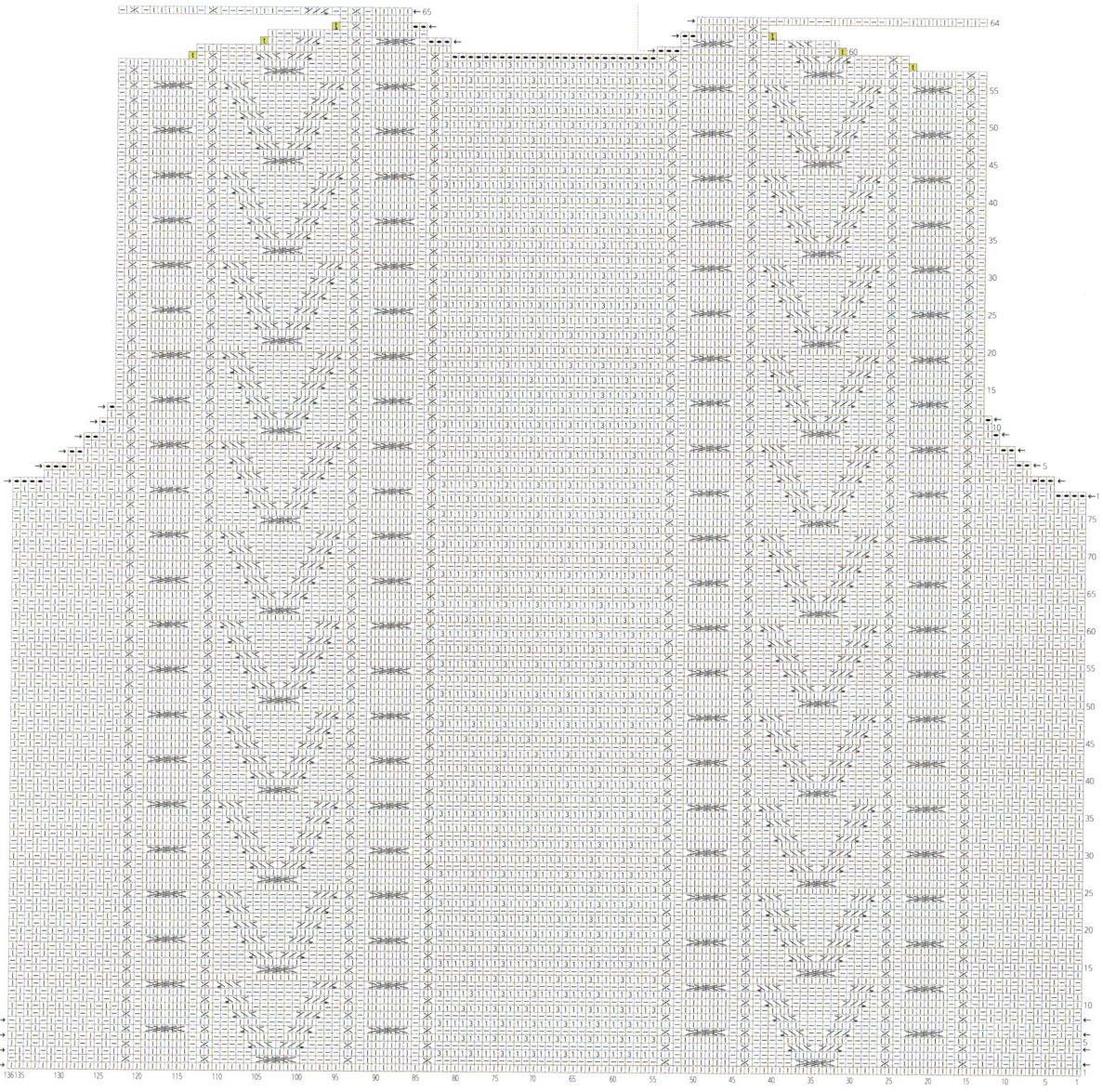

L 소매

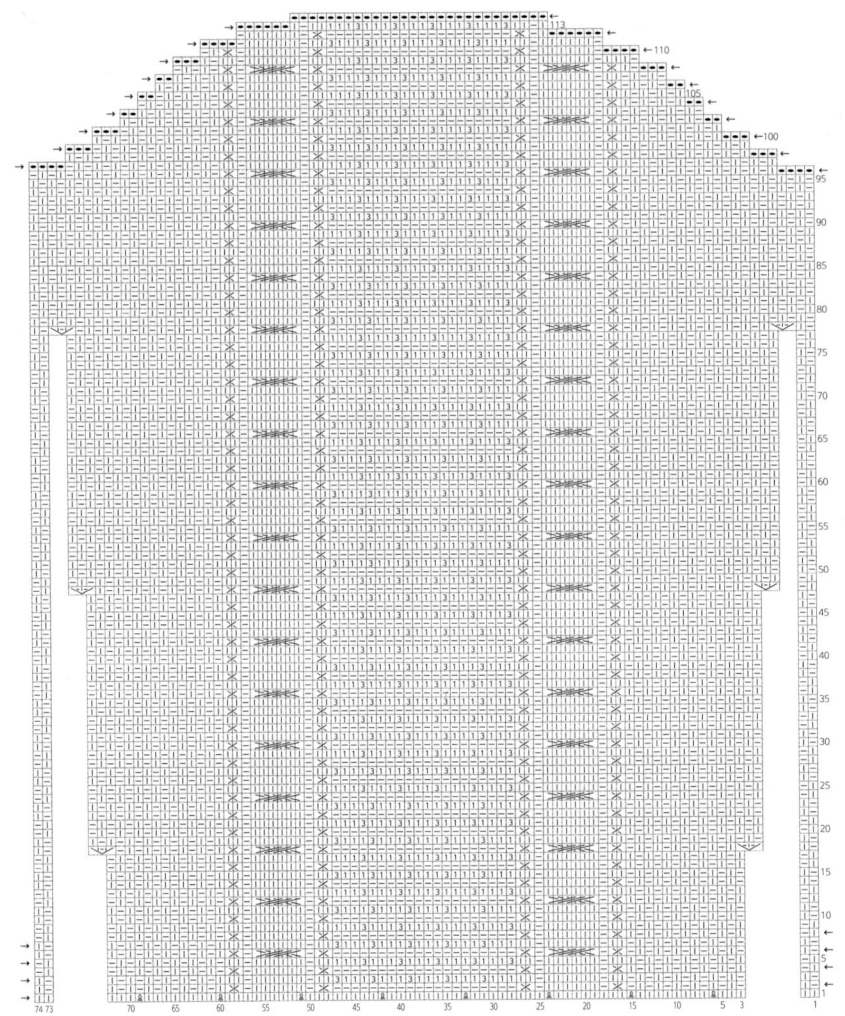

	= 겉뜨기	3 = ⌄	= 겉안겉으로 1코에서 3코로 늘려뜨기
—	= 안뜨기		
✕✕	= 왼코 위 3코 교차뜨기	⌄	= 안겉안으로 1코에서 3코로 늘려뜨기
✕	= 왼코 위 교차뜨기		
111 = ⋏	= p3tog	●	= 덮어씌우기

XL 앞판

XL 뒤판

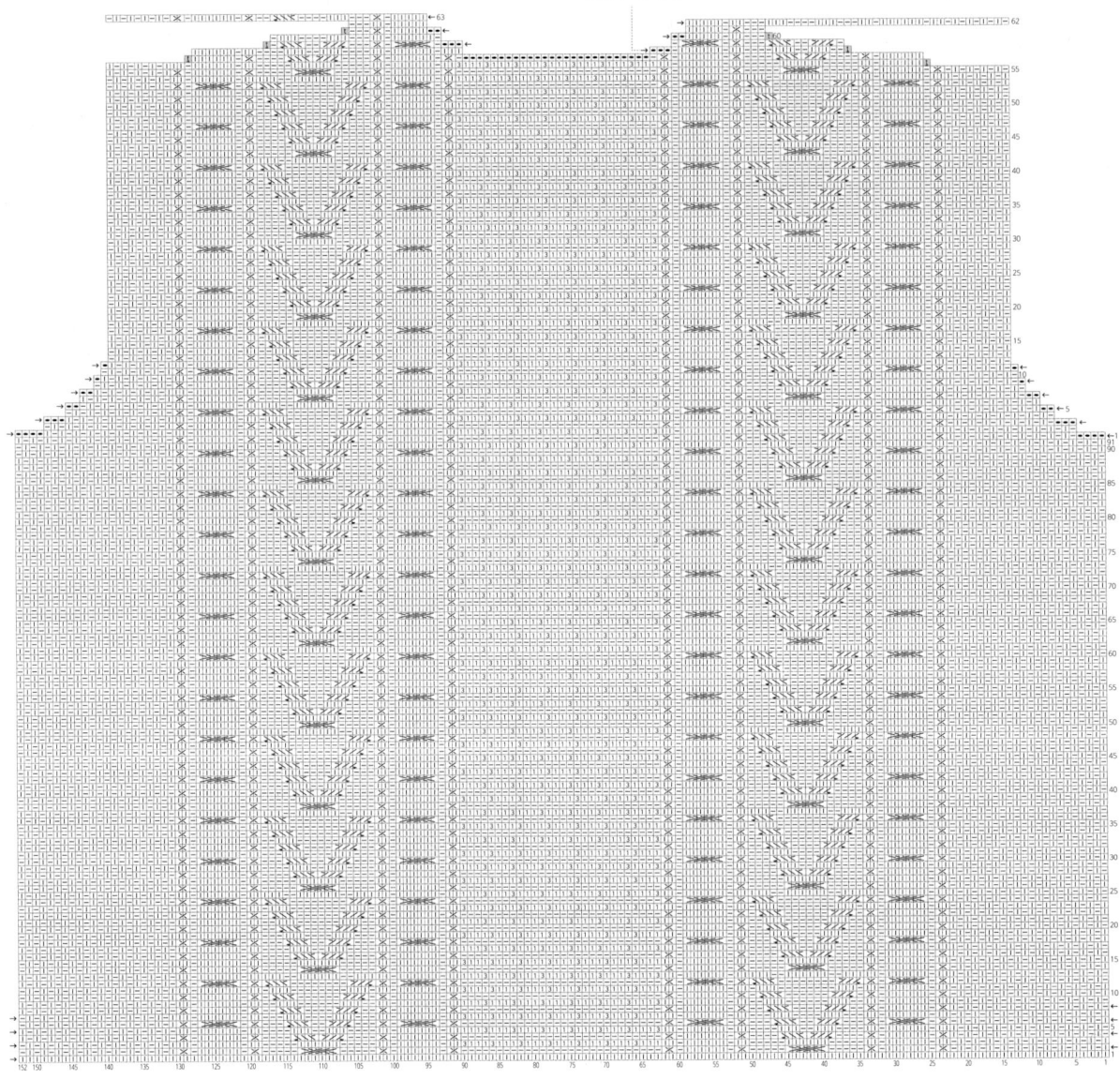

XL 소매

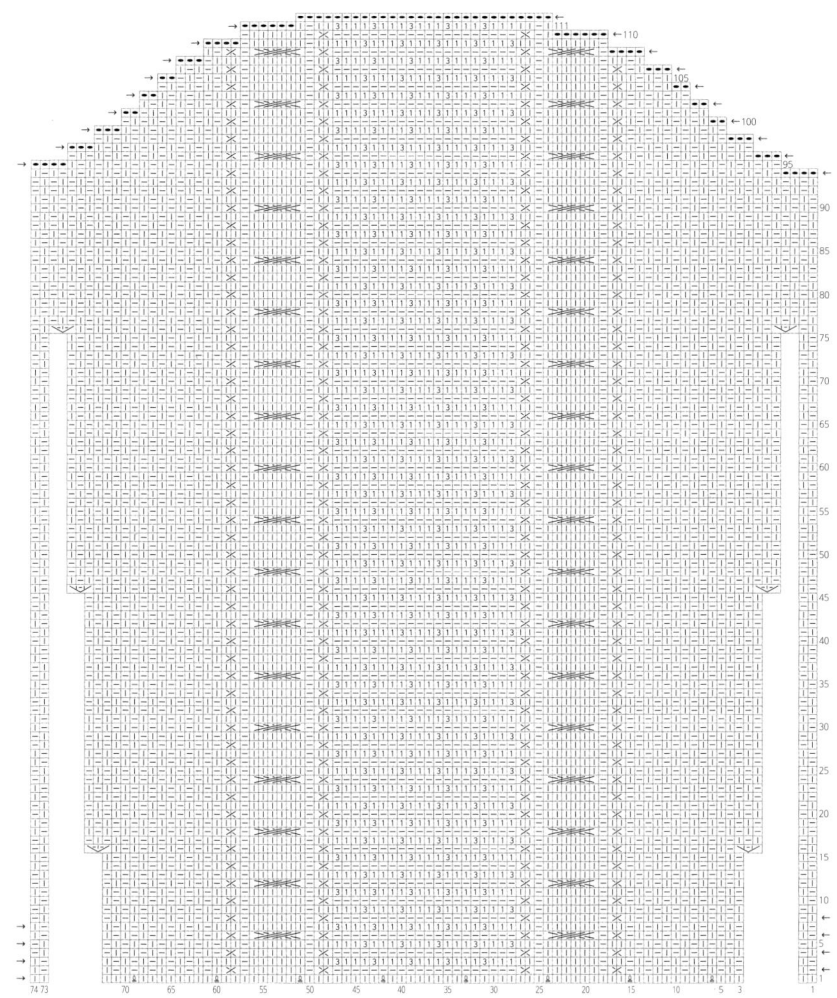

2XL 앞판

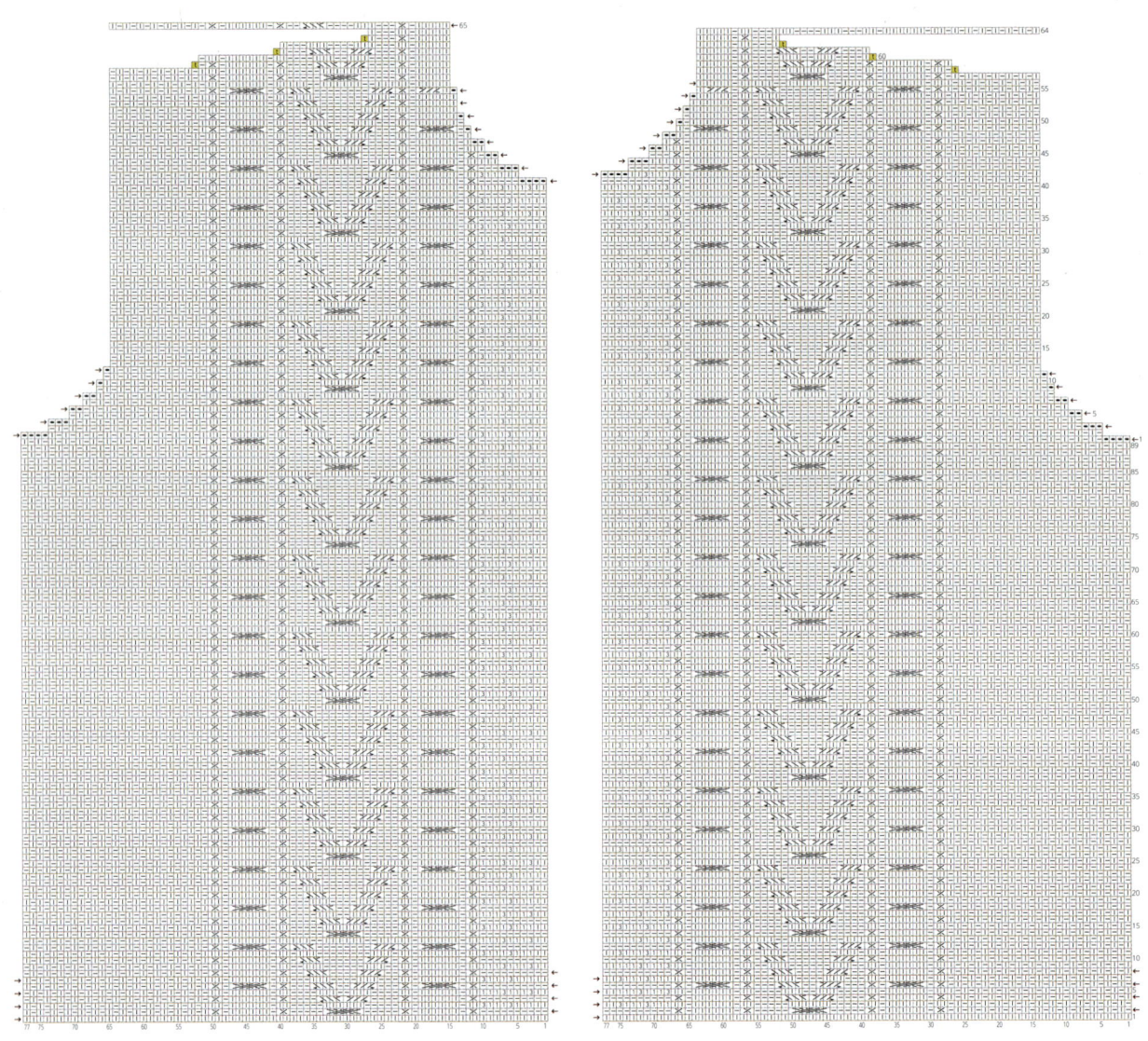

2XL 뒤판

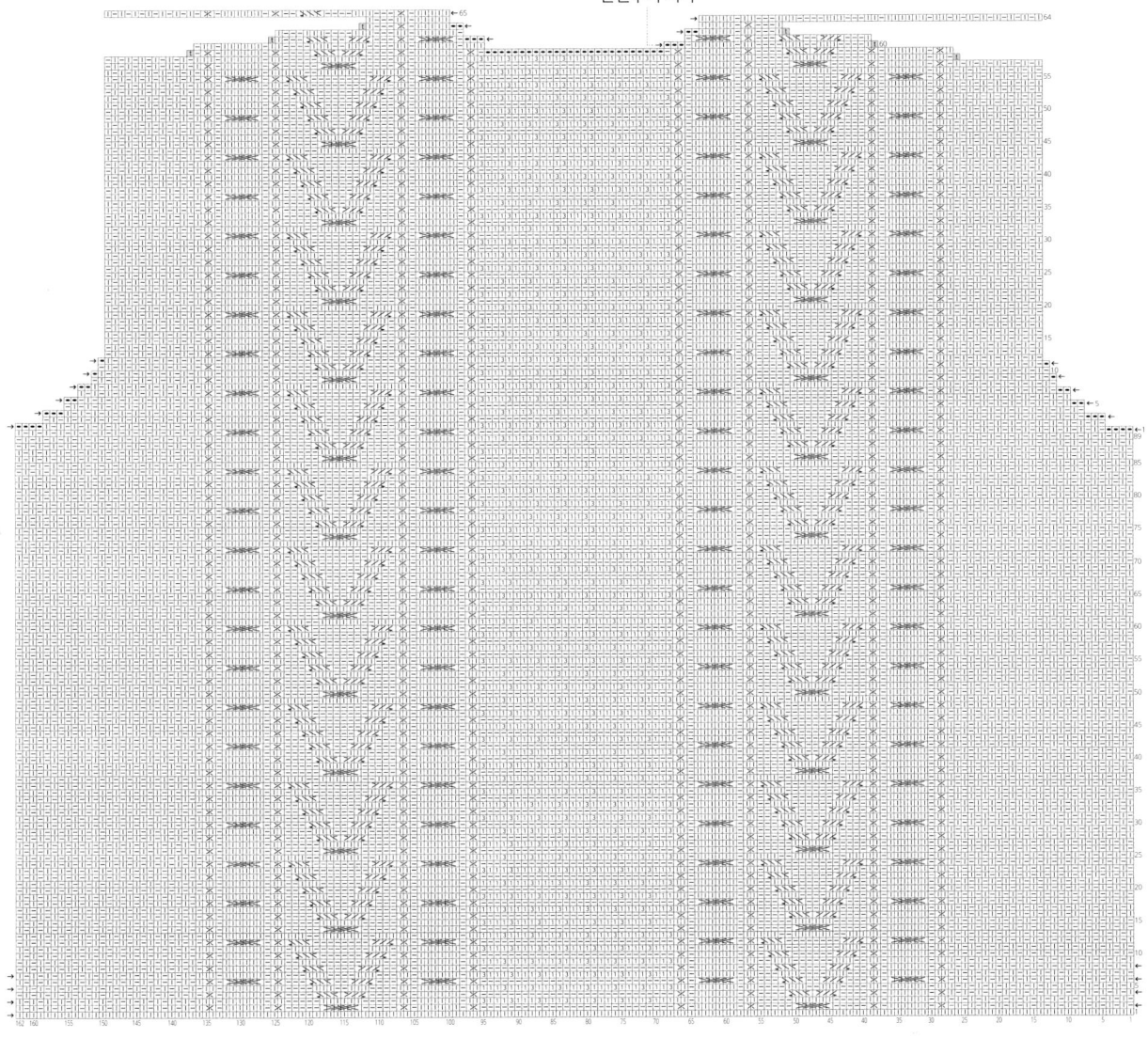

2XL 소매

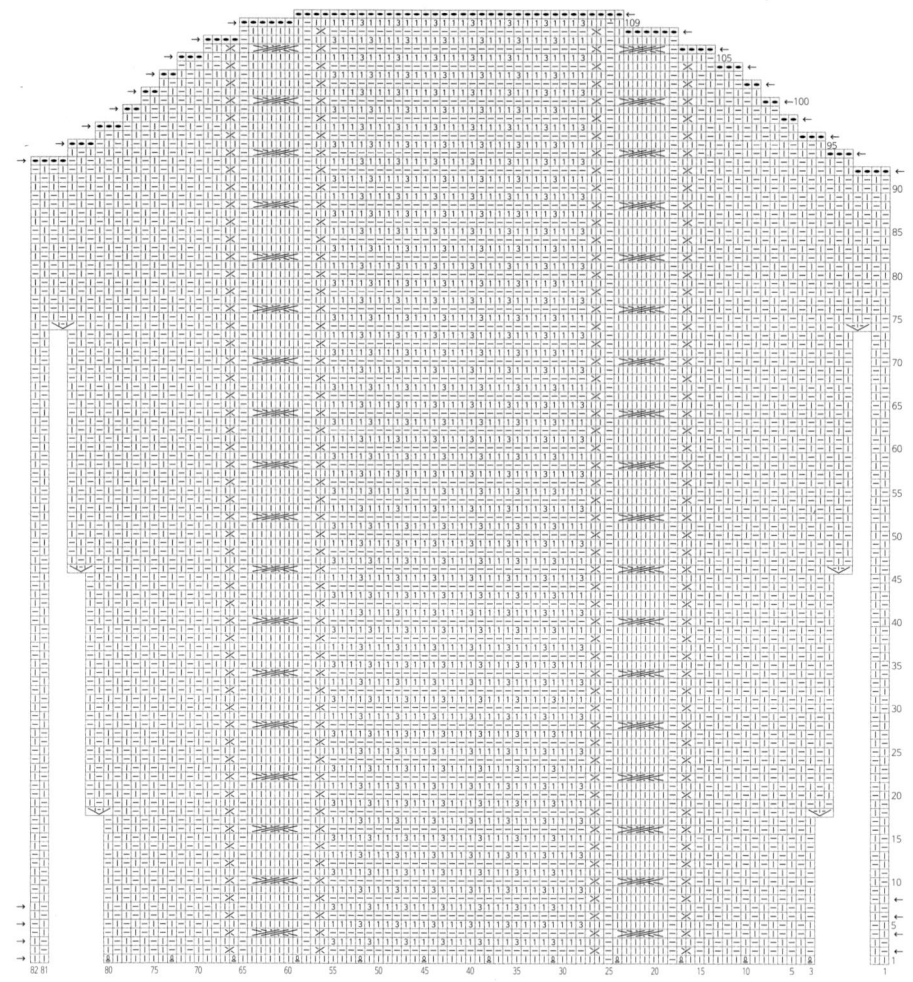

HOW TO MAKE

BLACKBERRY ARAN SWEATER

블랙베리 아란 스웨터

05

블랙베리 아란 스웨터는 바텀업 방식으로 제작됩니다.
무늬 차트를 보며 평면뜨기로 앞판, 뒤판, 소매를 각각 완성해주고,
모든 조각을 돗바늘로 꿰매어 완성합니다. 손으로만 만들 수 있는
블랙베리 스티치를 중앙에 배치하여 포인트를 주었습니다.
세미 오버사이즈 핏이므로 넉넉한 핏으로 입고자 하는 사람들은
정사이즈로 선택하는 것을 추천합니다.

참고 동영상 QR 코드

재료	울 아란(1볼 / 100g / 180m) 7 (7) 9 (10) 11볼 혹은 패션아란(1볼 / 400g / 800m) 2 (2) 2 (2) 3볼 (각 약 560 (600) 700 (800) 950g 소요)
바늘	5mm, 4mm(케이블 40cm, 80cm)
게이지	10코 12단(5mm 바늘, 5 × 5cm 멍석 무늬)
	12코 13단(5mm 바늘, 5 × 5cm 2코 교차 + 안 1 + 6코 교차 + 안 1 + 2코 교차 무늬)
	16코 12단(5mm 바늘, 6.5 × 4.5cm 16코 V자 모양 교차 무늬)
	12코 12단(5mm 바늘, 5 × 4.5cm, 블랙베리 스티치 무늬)
사이즈	S (M) L (XL) 2XL
가슴둘레	97 (100) 112 (122) 130cm
옷 길이	51 (51) 58 (62) 62cm
모델 착용 사이즈	아이보리(울 아란 사용) - M 사이즈, 회색(패션아란 사용) - L 사이즈

도안 읽는 방법

겉면(짝수단)은 오른쪽에서 왼쪽으로 화살표 방향대로 보이는 기호 그대로 읽고, 안면(홀수단)은 왼쪽에서 오른쪽으로 화살표 방향대로 보이는 기호의 반대로 읽습니다. 예를 들어, 안면(홀수단)을 뜰 차례에 세로줄을 만나면 안뜨기로 떠주고, 가로줄을 만나면 겉뜨기로 떠주면 됩니다. 모든 꽈배기 무늬는 겉면에서만 이루어지나, 중앙에 위치한 블랙베리 스티치의 경우 안면에서 무늬를 만들고 겉면에서는 안뜨기로만 뜨게 되니 반대로 뜨지 않도록 주의해주세요.
모두 평면뜨기로 뜹니다.

앞, 뒤판 뜨기

80cm 케이블을 연결한 4mm 바늘에 120 (124) 136 (152) 162코를 잡아줍니다. 코를 잡을 때에는 일반 코잡기, 흔들코, 풀어내는 코잡기 등 원하는 코잡는 방식을 선택하여 잡아주어도 무방합니다. 샘플은 끌어올리기 고무단(동영상 참고)을 사용하였습니다. S, M, L, XL 사이즈는 안뜨기로 시작하여 겉뜨기로 끝나는 1코 고무단(안 1, 겉 1 반복)으로, 2XL 사이즈는 겉뜨기로 시작하여 안뜨기로 끝나는 1코 고무단(겉 1, 안 1 반복)으로 18단을 뜹니다. 5mm 바늘로 바꾸고 안뜨기 한 단(몸통 무늬 차트 1단에 해당)을 떠주고 몸통 무늬 차트 2단(겉면)부터 무늬에 맞춰 뜹니다. 어깨 부분을 뜰 때에는 항상 무늬 차트의 왼쪽 부분에 위치한 어깨 부분 먼저 떠준 다음, 코막음을 하지 않고 코를 쉬게 둔 후 실을 끊어줍니다. 그 다음 새 실을 걸어 무늬 차트에서 새 실 거는 위치를 확인 후 안쪽 면부터 시작하여 반대편 어깨와 동일하게 코막음을 하지 않고 코를 쉬게 둔 후 실을 끊어줍니다. 앞판과 뒤판이 모두 완성되면, 어깨 겉과 겉끼리 마주보고 3 니들 바인드 오프 (3-needle-bind off)(동영상 참고) 방식으로 어깨를 이어줍니다. 어깨를 이어준

소매 뜨기

후 세탁하여 블로킹합니다.

80cm 케이블을 연결한 4mm 바늘에 66 (66) 66 (66) 70코를 잡아줍니다. 코를 잡으실 때에는 일반 코잡기, 흔들코, 풀어내는 코잡기 등 원하는 코잡는 방식을 선택하여 잡아주셔도 무방합니다. 샘플은 끌어올리기 고무단(동영상 참고)을 사용하였습니다. S, M 사이즈는 안뜨기로 시작하여 겉뜨기로 끝나는 1코 고무단(안 1, 겉 1 반복)으로, L, XL, 2XL 사이즈는 겉뜨기로 시작하여 안뜨기로 끝나는 1코 고무단(겉 1, 안 1 반복)으로 18단을 뜹니다. 5mm 바늘로 바꾸고 안뜨기 한 단(소매 무늬 차트 1단에 해당)을 떠주되, L (XL) 2XL 사이즈는 도안에 표시된 곳을 따라 중간중간 코를 늘려 74 (74) 82코를 만들어준 다음 소매 무늬 차트 2단(겉면)부터 무늬에 맞춰 뜹니다. 모두 코막음 후 소매가 총 2개 완성되었으면 세탁하여 블로킹합니다.

몸통/소매 잇기

소매산과 몸통 진동 부분을 먼저 이어줍니다. 소매 중심과 몸통 어깨선 중심 선을 맞추어 시침핀 등으로 미리 자리를 잡아준 후, 돗바늘로 연결합니다. 특별한 규칙이나 방법 없이 울지 않도록 반코 정도의 시접을 두고 연결해줍니다. 몸통과 소매 옆선의 단도 돗바늘로 이어줍니다.

목둘레 뜨기

40cm 케이블을 연결한 4mm 바늘을 이용해 뒷판의 겉면을 바라보고 뒷목의 오른쪽 끝부분부터 코를 주워줍니다. 뒷목의 코 부분과 앞목의 코 부분에서는 매 코 줍고, 목의 평단 부분에서는 3단마다 2코씩 주워 총 약 100 (104) 104 (104) 104코를 주워줍니다. 콧수는 정확히 맞지 않아도 되며, 1코 고무단을 위해 짝수코로만 맞춰주어도 좋습니다. 1코 고무단으로 20단(8cm)를 뜬 후 코막음한 후 겹단으로 접어 안쪽으로 감침질하여 마무리합니다.

> **TIP**
> 동영상을 참고하시면 마지막에 코막음을 하지 않고 코가 살아 있는 상태에서 돗바늘로 코잡은 시접 부분에 한 코씩 꿰어 마무리하면 깔끔하게 마무리할 수 있습니다.

S 앞판

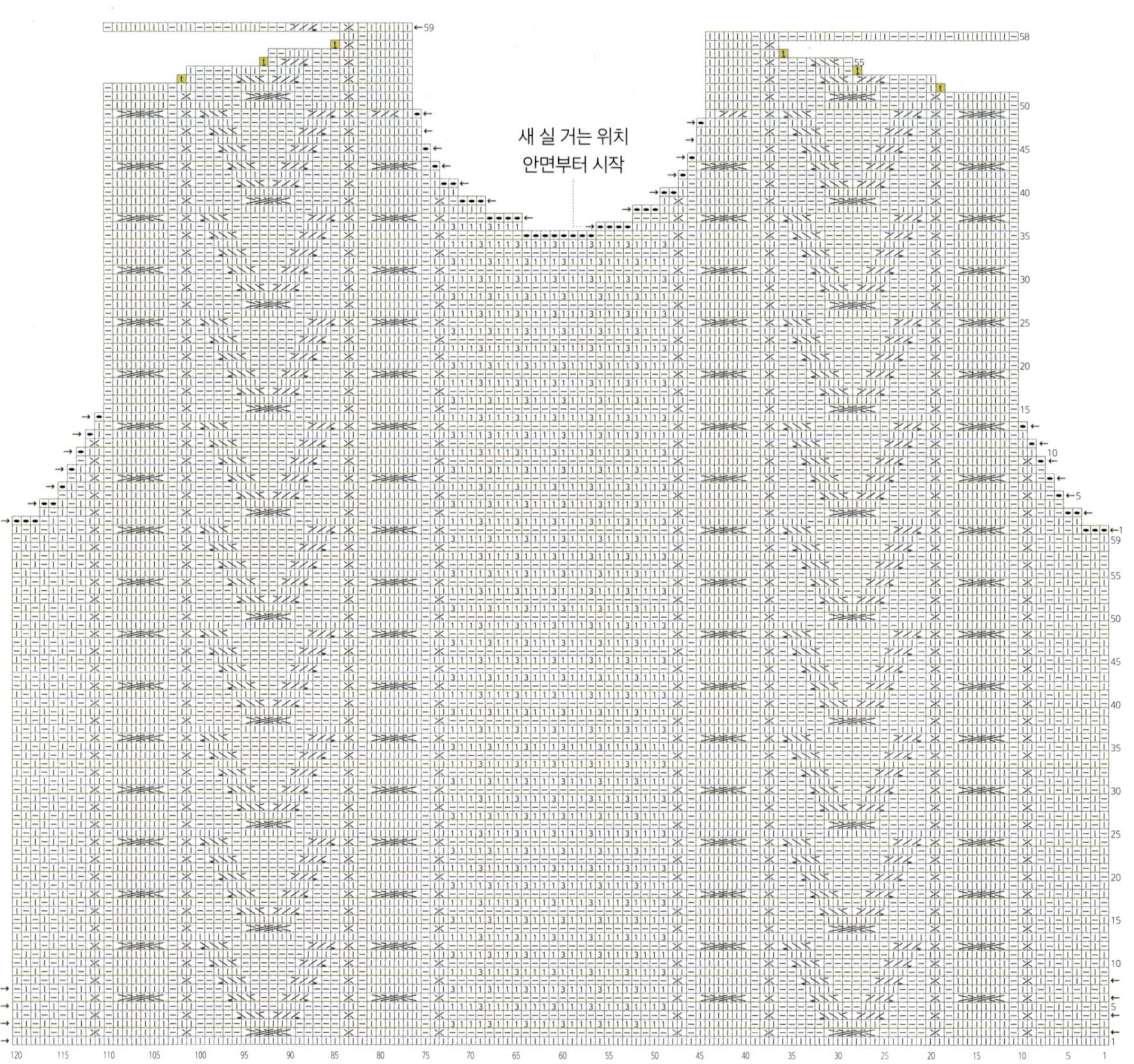

S 뒤판

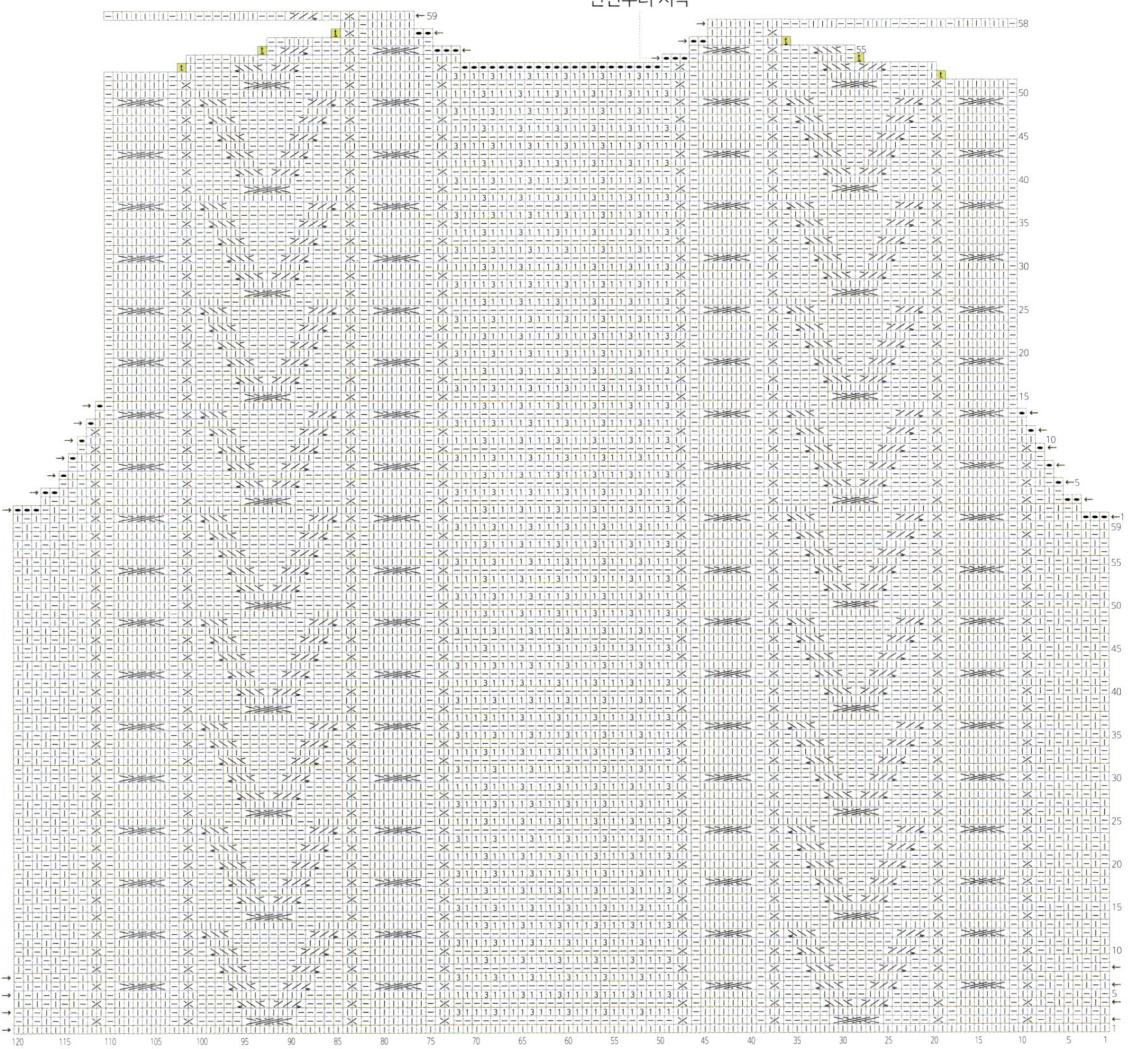

S 소매

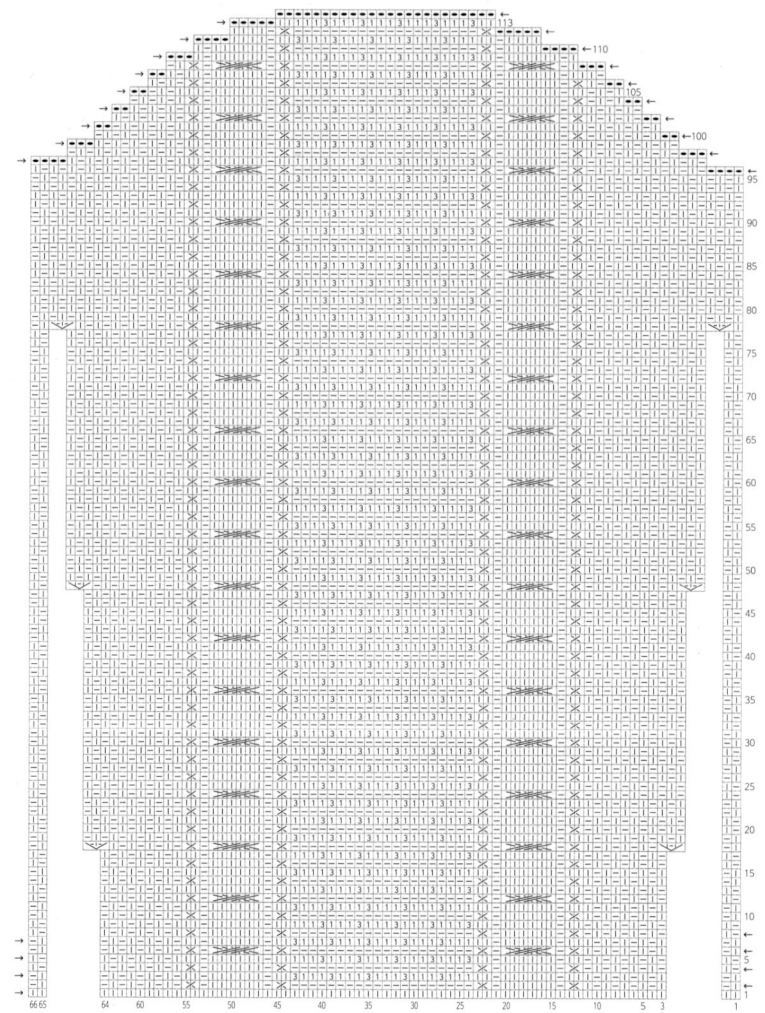

M 앞판

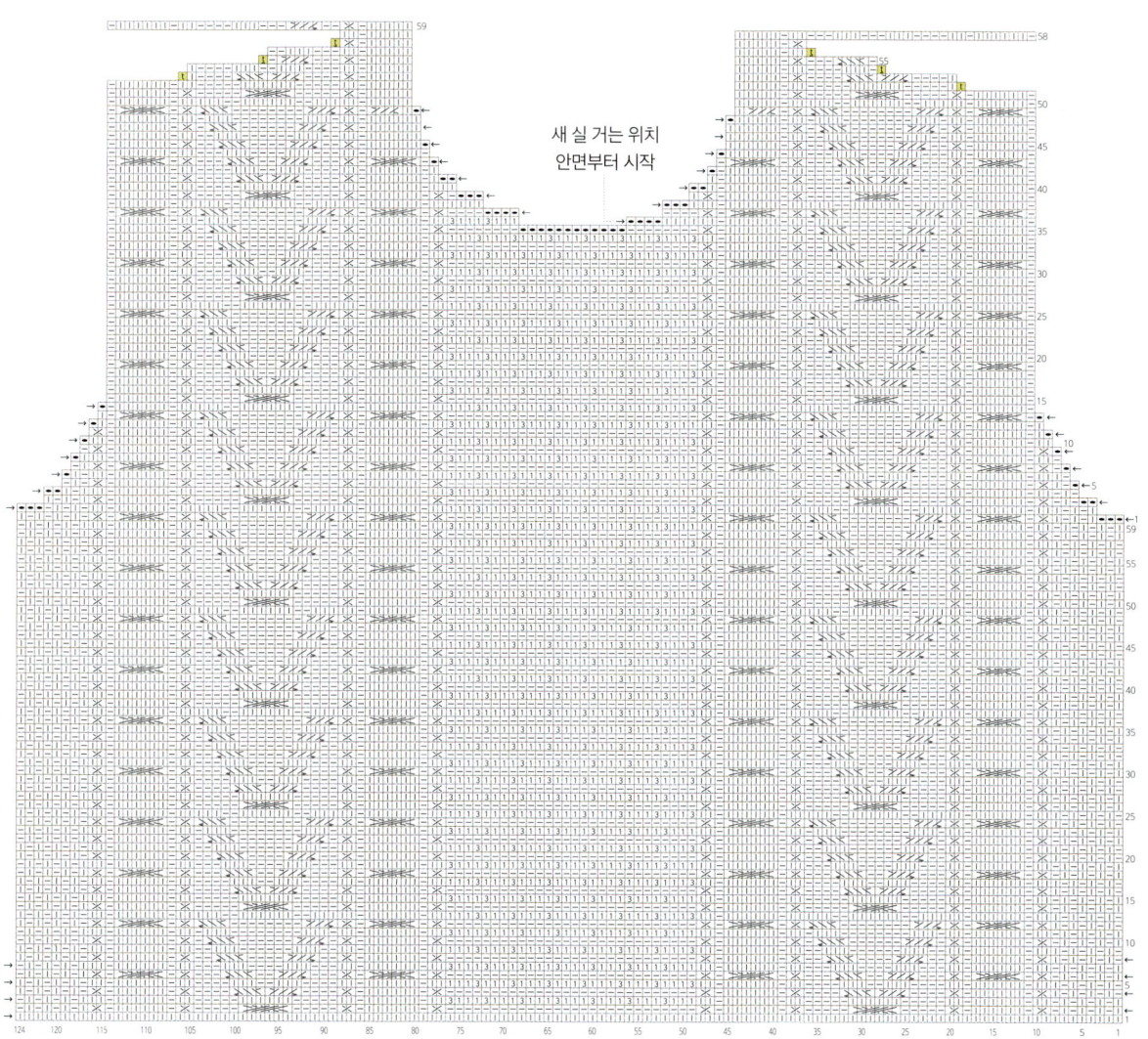

M 뒤판

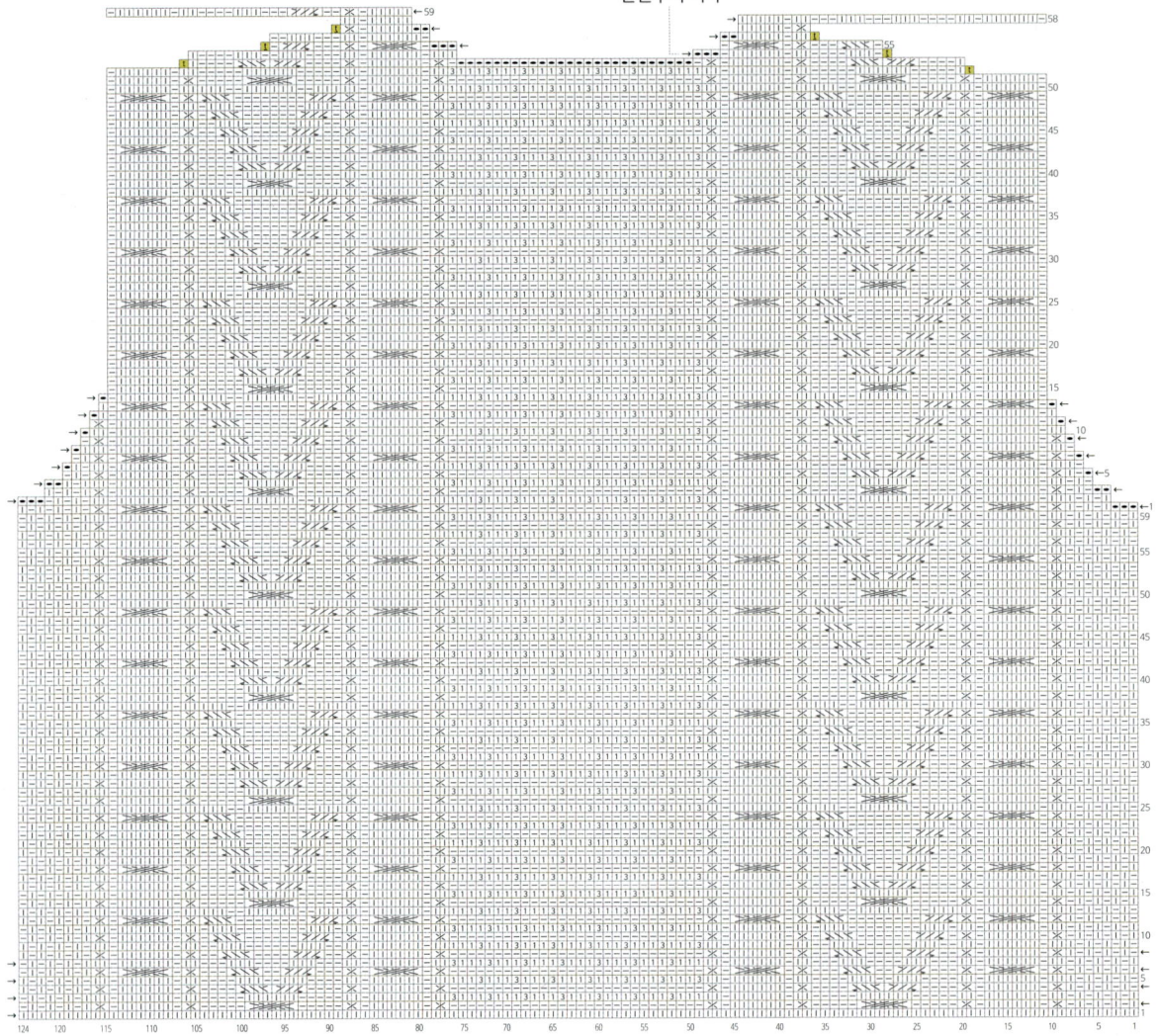

M 소매

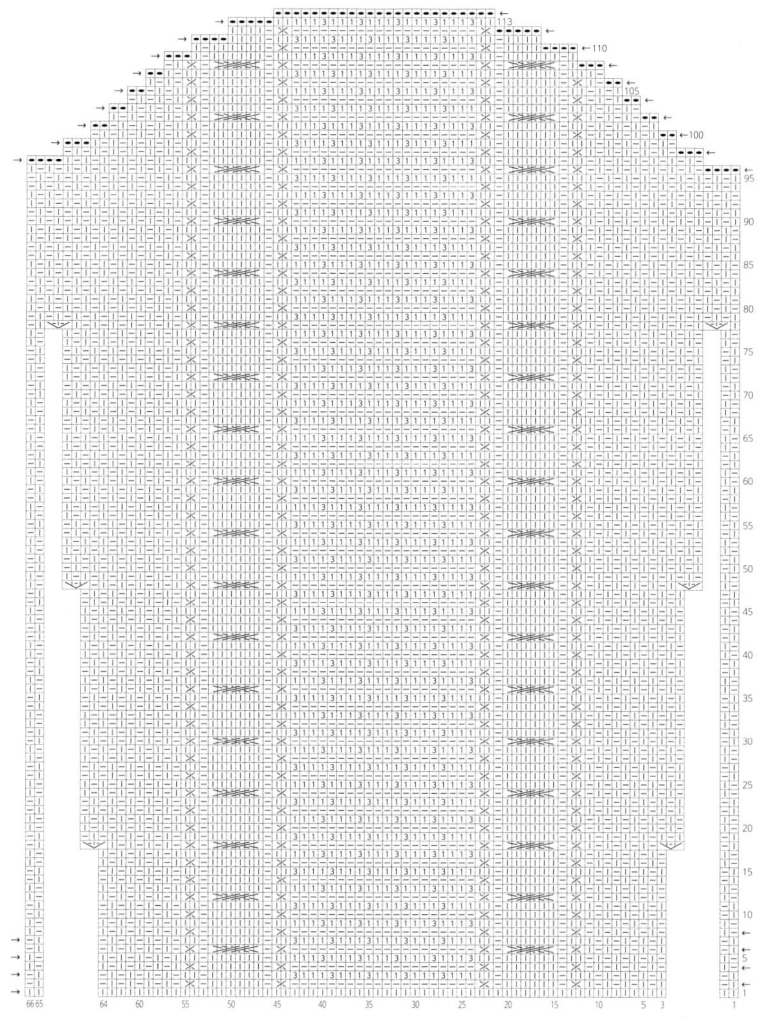

	= 겉뜨기	3 = ⋎	= 겉안겉으로 1코에서 3코로 늘려뜨기
—	= 안뜨기		
⋙	= 왼코 위 3코 교차뜨기	⋎	= 안겉안으로 1코에서 3코로 늘려뜨기
✕	= 왼코 위 교차뜨기		
111 = ⋏	= p3tog	●	= 덮어씌우기

L 앞판

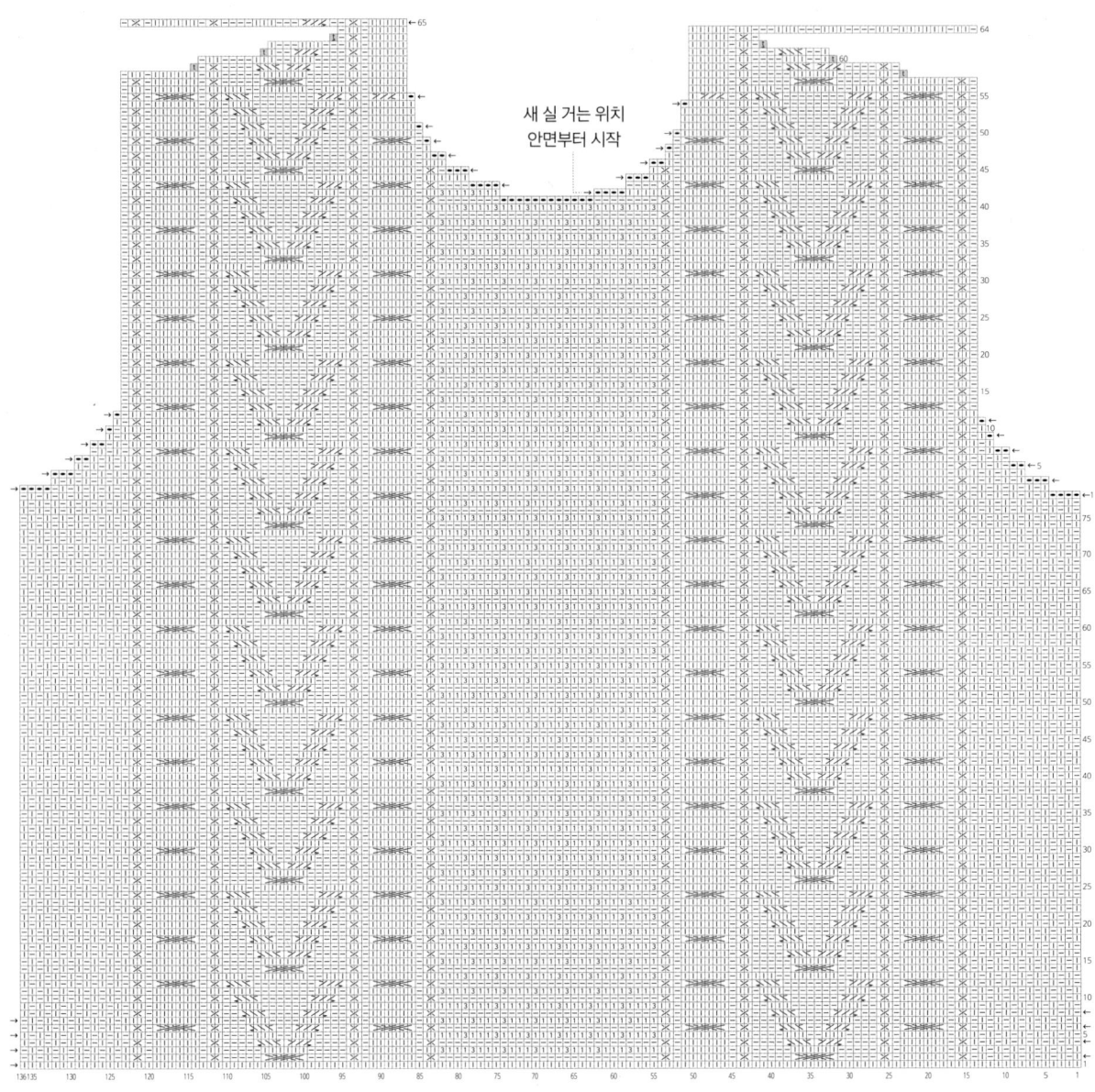

L 뒤판

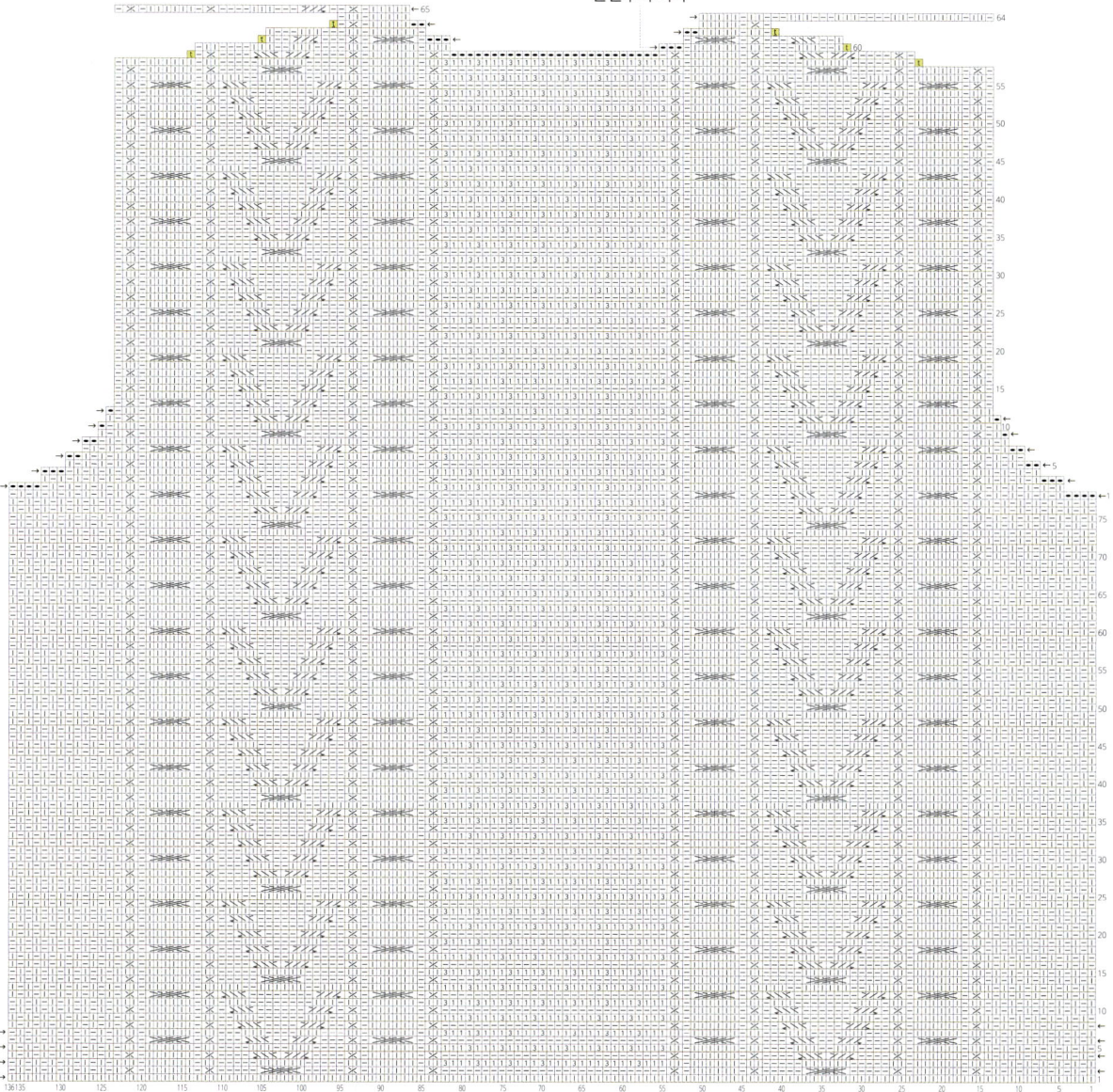

	= 겉뜨기	111 = ⋏ = p3tog
	– = 안뜨기	3 = ⋎ = 겉안겉으로 1코에서 3코로 늘려뜨기
	= 왼코 위 3코 교차뜨기	
	× = 왼코 위 교차뜨기	● = 덮어씌우기
	= 왼코 위 3코 교차뜨기 (오른코 1코 안뜨기)	t = 겉뜨기 무늬 맞춰뜨고 턴
	= 오른코 위 3코 교차뜨기 (왼코 1코 안뜨기)	t = 안뜨기 무늬 맞춰뜨고 턴

L 소매

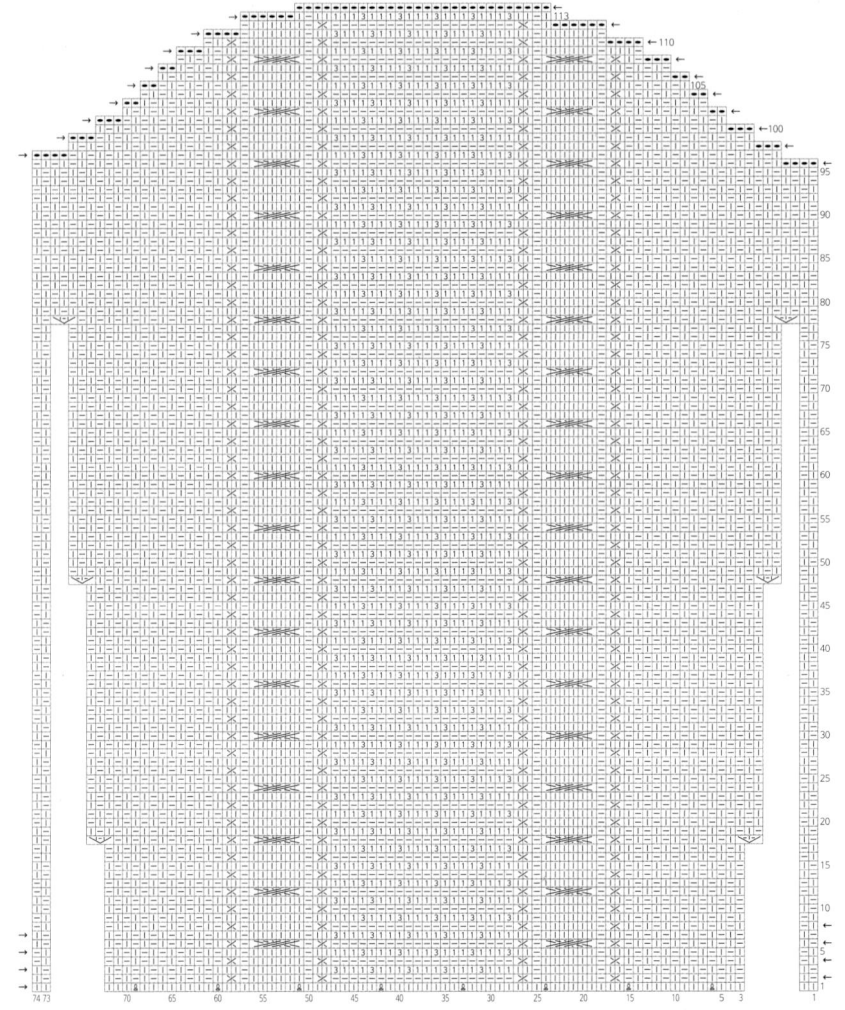

XL 앞판

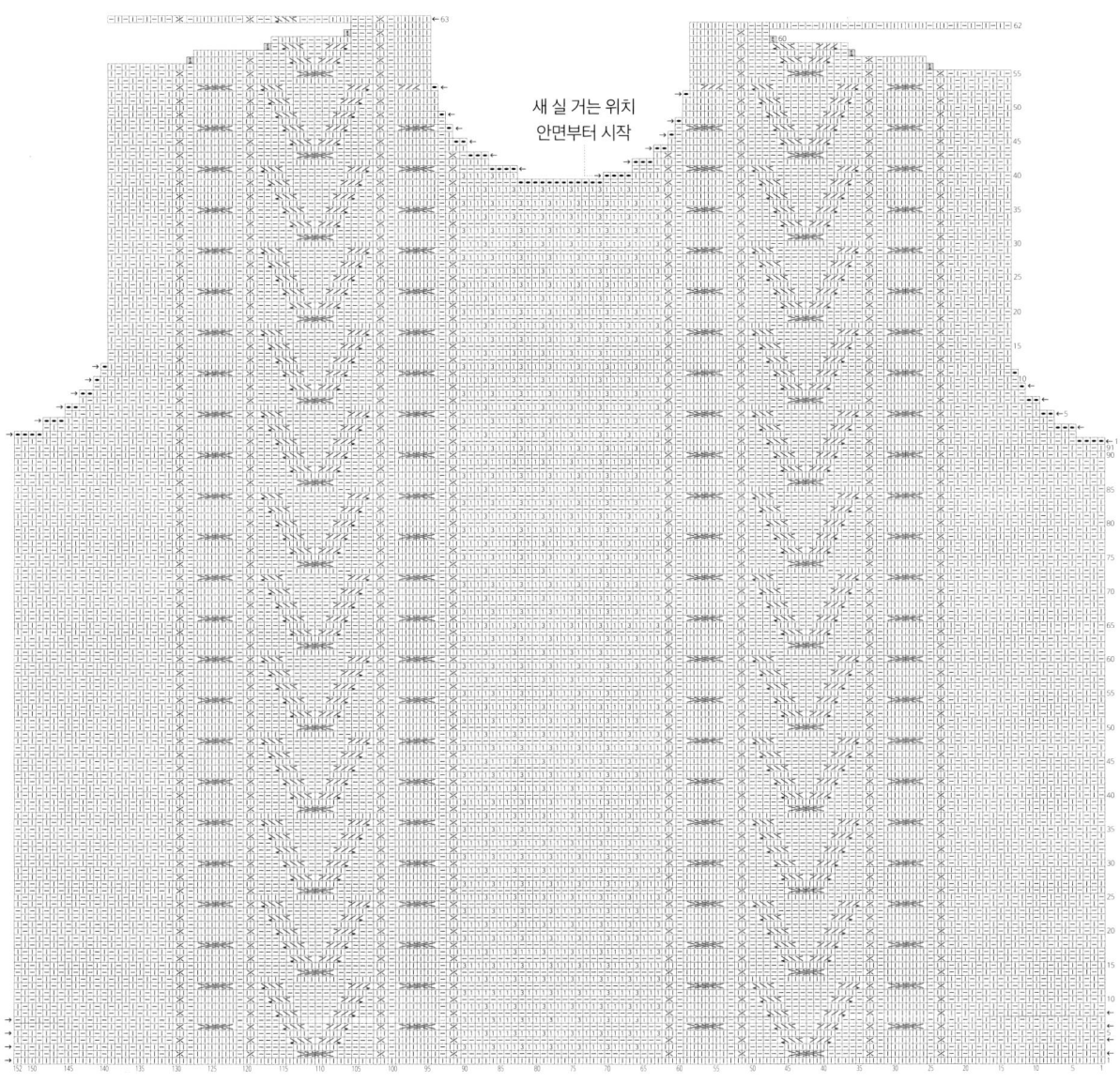

XL 뒤판

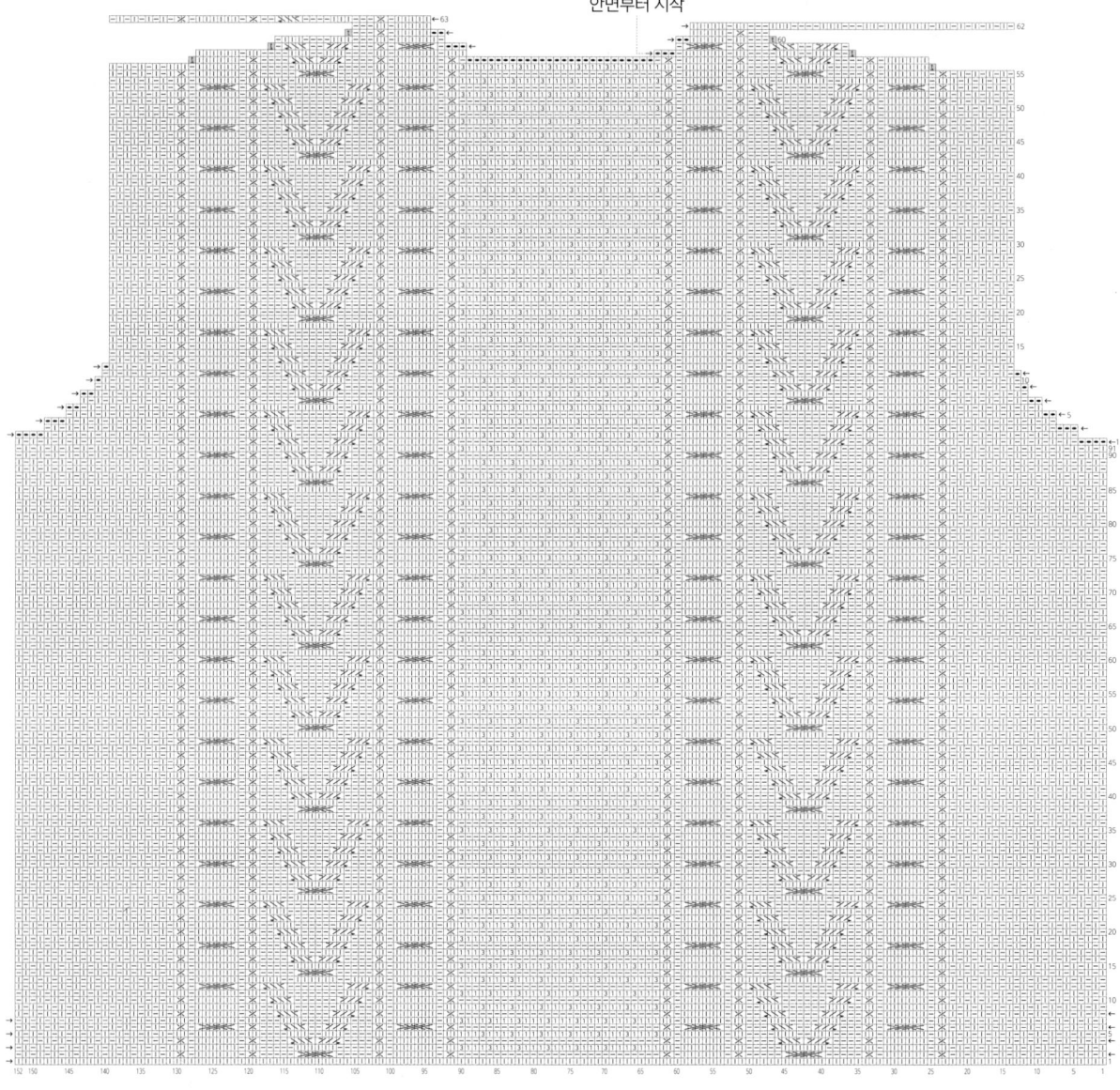

XL 소매

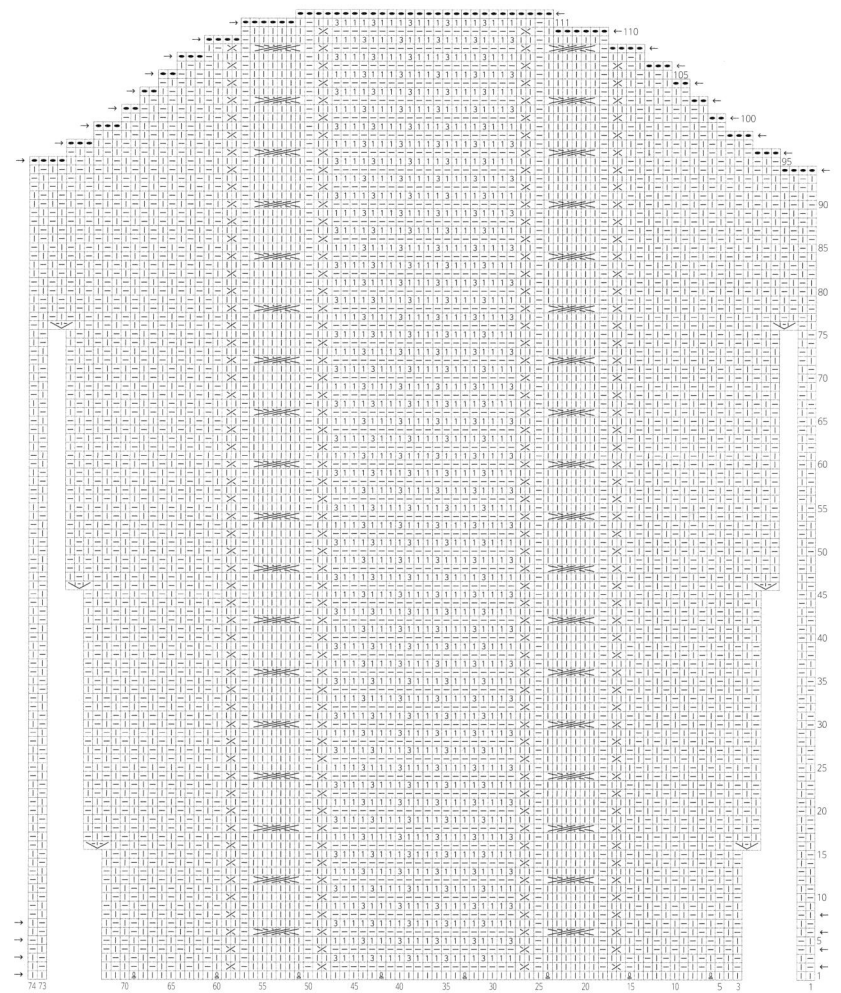

2XL 앞판

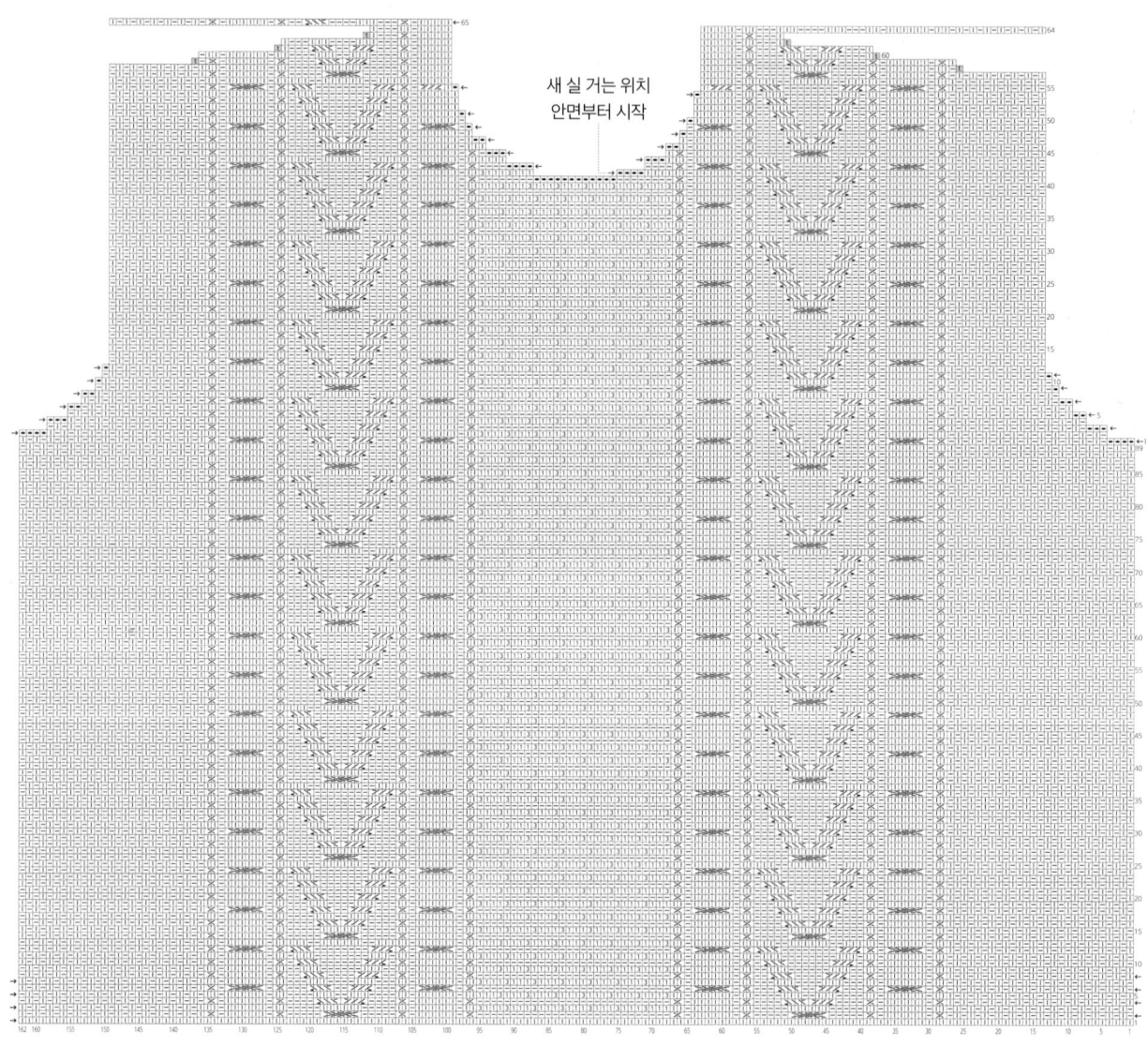

2XL 뒤판

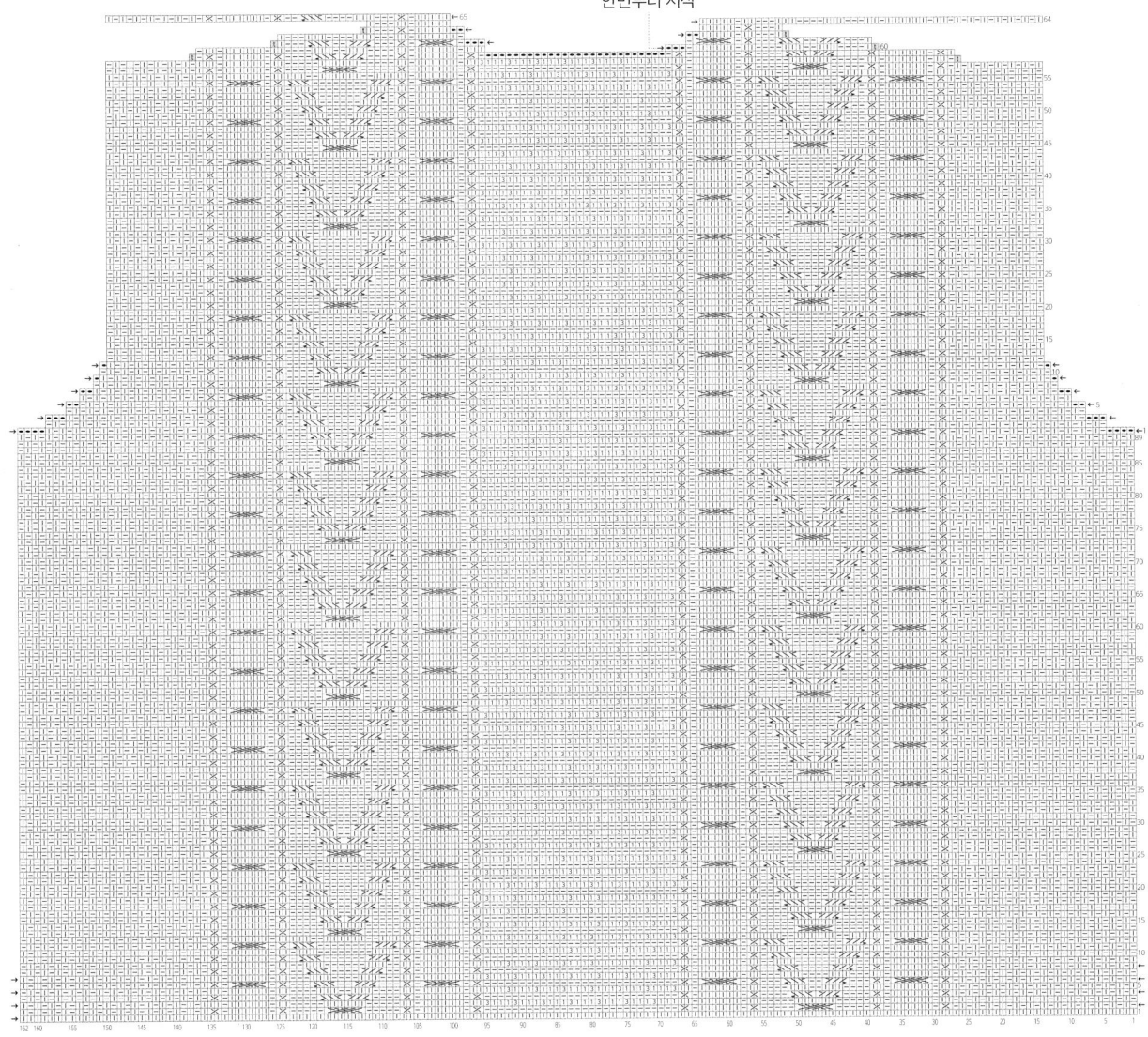

2XL 소매

	= 겉뜨기	3 =	= 겉안겉으로 1코에서 3코로 늘려뜨기
—	= 안뜨기		
	= 왼코 위 3코 교차뜨기		= 안겉안으로 1코에서 3코로 늘려뜨기
×	= 왼코 위 교차뜨기		
111	= p3tog	•	= 덮어씌우기

HOW TO MAKE

SCRAP SWEATER

조각 스웨터

06

조각 스웨터는 바텀업 방식으로 제작됩니다. 옷의 각 부분을 구성하는 조각을
총 28장 떠서 배치하여 꿰매어준 다음, 코를 주워 고무단을 떠서 마무리합니다.
자투리 실이 많이 남을 때 활용하기 좋은 스웨터입니다. 진동 파임, 어깨 처짐, 앞목 파임,
뒷고대 줄임, 소매산, 소매 줄임을 정석대로 각각 떠서 완성하기 때문에
자투리 실로 떠도 완성도가 높습니다. 슬림 핏이므로 몸에 잘 맞게 착용하려면 정사이즈로
선택하는 것을 추천합니다. 사용하는 자투리 실의 굵기에 따라서 사이즈를 조절할 수 있습니다.

참고 동영상 QR 코드

재료	하이소프트 / 마제스틱 굵기의 자투리실 560g
바늘	4.5mm, 4mm(케이블 40cm, 80cm)
게이지	20코 30단(4.5mm 바늘, 10 × 10cm 메리야스 무늬)
사이즈	ONE SIZE(실 굵기에 따라 사이즈 조절)
가슴둘레	108cm
옷 길이	54cm
모델 착용 사이즈	M

숙지사항 ✕

모든 조각은 4.5mm 바늘로 뜨고 고무단을 뜰 때만 4mm 바늘을 사용합니다.

매 조각을 뜰 때마다 실은 30cm 정도 남기고 잘라줍니다. 코를 잡을 때 실 여유분을 넉넉히 두고 잡아도 좋습니다. 길게 남겨준 실은 나중에 조각을 꿰매줄 때 사용합니다.

일반 코잡기로 36코를 잡아줍니다. 아래와 같이 떠줍니다.

1번 조각
(줄임이나 늘림이
없는 조각, 8장) ✕

1단(안면): 모두 안뜨기
2단(겉면): 모두 겉뜨기

1~2단을 반복하여 49단(안면)까지 떠준 후, 50단(겉면)을 뜰 차례에 겉뜨기로 뜨면서 코막음하여 마무리합니다.

2번 조각
(오른쪽 진동줄임
조각, 2장) ✕

일반 코잡기로 36코를 잡아줍니다. 아래와 같이 떠줍니다.

1단(안면): 모두 안뜨기
2단(겉면): 모두 겉뜨기

1~2단을 반복하여 37단(안면)까지 떠준 후, 38단(겉면)을 뜰 차례에 아래와 같이 떠줍니다.

38단(겉면): 5코 코막음, 끝까지 겉뜨기 (5코 감소, 31코)
39단(안면): 끝까지 안뜨기
40단(겉면): 겉 2, ssk, 끝까지 겉뜨기 (1코 감소, 30코)
41단(안면): 끝까지 안뜨기

42단(겉면): 겉 2, ssk, 끝까지 겉뜨기 (1코 감소, 29코)
43단(안면): 끝까지 안뜨기
44단(겉면): 겉 2, ssk, 끝까지 겉뜨기 (1코 감소, 28코)
45단(안면): 끝까지 안뜨기
46단(겉면): 겉 2, ssk, 끝까지 겉뜨기 (1코 감소, 27코)
47단(안면): 끝까지 안뜨기
48단(겉면): 겉 2, ssk, 끝까지 겉뜨기 (1코 감소, 26코)
49단(안면): 끝까지 안뜨기
50단(겉면): 겉뜨기로 뜨면서 코막음, 실 자르고 마무리

**3번 조각
(왼쪽 진동줄임
조각, 2장)**

일반 코잡기로 36코를 잡아줍니다. 아래와 같이 떠줍니다.

1단(안면): 모두 안뜨기
2단(겉면): 모두 겉뜨기

1~2단을 반복하여 38단(겉면)까지 떠준 후, 39단(안면)을 뜰 차례에 아래와 같이 떠줍니다.

39단(안면): 5코 코막음, 끝까지 안뜨기 (5코 감소, 31코)
40단(겉면): 마지막 4코 남을 때까지 겉뜨기, k2tog, 겉 2 (1코 감소, 30코)
41단(안면): 끝까지 안뜨기
42단(겉면): 마지막 4코 남을 때까지 겉뜨기, k2tog, 겉 2 (1코 감소, 29코)
43단(안면): 끝까지 안뜨기
44단(겉면): 마지막 4코 남을 때까지 겉뜨기, k2tog, 겉 2 (1코 감소, 28코)
45단(안면): 끝까지 안뜨기
46단(겉면): 마지막 4코 남을 때까지 겉뜨기, k2tog, 겉 2 (1코 감소, 27코)
47단(안면): 끝까지 안뜨기
48단(겉면): 마지막 4코 남을 때까지 겉뜨기, k2tog, 겉 2 (1코 감소, 26코)
49단(안면): 끝까지 안뜨기

**4번 조각
(왼쪽 어깨 조각, 2장)**

50단(겉면): 겉뜨기로 뜨면서 코막음, 실 자르고 마무리

일반 코잡기로 26코를 잡아줍니다. 아래와 같이 떠줍니다.

1단(안면): 모두 안뜨기
2단(겉면): 모두 겉뜨기

1~2단을 반복하여 43단(안면)까지 떠준 후, 44단(겉면)을 뜰 차례에 아래와 같이 떠줍니다. 턴은 저먼 쇼트 로우(german short row) 방식을 이용합니다.

44단(겉면): 마지막 6코 남을 때까지 겉뜨기, 턴
45단(안면): 끝까지 안뜨기
46단(겉면): 13코 겉뜨기, 턴
47단(안면): 끝까지 안뜨기
48단(겉면): 6코 겉뜨기, 턴
49단(안면): 끝까지 안뜨기
50단(겉면): 겉뜨기로 뜨면서 코막음(턴 해준 부분은 정리하면서 코막음합니다)

> **TIP**
> 턴 정리: 턴으로 생긴 두 겹짜리 코를 한 번에 찔러서 겉뜨기

**5번 조각
(오른쪽 어깨 조각, 2장)**

일반 코잡기로 26코를 잡아줍니다. 아래와 같이 떠줍니다.

1단(안면): 모두 안뜨기
2단(겉면): 모두 겉뜨기

1~2단을 반복하여 42단(겉면)까지 떠준 후, 43단(안면)을 뜰 차례에 아래와 같이 떠줍니다. 턴은 저먼 쇼트 로우(german short row) 방식을 이용합니다.

43단(안면): 마지막 6코 남을 때까지 안뜨기, 턴
44단(겉면): 끝까지 겉뜨기
45단(안면): 13코 안뜨기, 턴
46단(겉면): 끝까지 겉뜨기
47단(안면): 6코 안뜨기, 턴
48단(겉면): 끝까지 겉뜨기
49단(안면): 턴 정리하면서 끝까지 안뜨기

> **TIP**
> 턴 정리: 턴으로 생긴 두 겹짜리 코를 한 번에 찔러서 안뜨기

6번 조각
(앞목 조각, 1장)

50단(겉면): 겉뜨기로 뜨면서 코막음

일반 코잡기로 36코를 잡아줍니다. 아래와 같이 떠줍니다.

1단(안면): 모두 안뜨기
2단(겉면): 모두 겉뜨기

1~2단을 반복하여 29단(안면)까지 떠준 후, 30단(겉면)을 뜰 차례에 아래와 같이 떠줍니다.

30단(겉면): 9코 겉뜨기, 18코 코막음, 끝까지 겉뜨기

이제 바늘에 걸린 9코로만 작업합니다. 반대편의 실이 걸려 있지 않은 9코는 나중에 작업해줄 것이기 때문에 케이블에 걸어둔 채로 작업하거나 안전핀이나 별실에 빼서 쉬게 둡니다.

31단(안면): 끝까지 안뜨기 (9코)
32단(겉면): 3코 코막음, 끝까지 겉뜨기 (3코 감소, 6코)
33단(안면): 끝까지 안뜨기 (6코)
34단(겉면): 2코 코막음, 끝까지 겉뜨기 (2코 감소, 4코)
35단(안면): 끝까지 안뜨기 (4코)
36단(겉면): 1코 코막음, 끝까지 겉뜨기 (1코 감소, 3코)
37단(안면): 끝까지 안뜨기 (3코)
38단(겉면): 1코 코막음, 끝까지 겉뜨기 (1코 감소, 2코)
39단(안면): 끝까지 안뜨기 (2코)
40단(겉면): 남은 2코 모두 코막음하여 마무리

이제 쉬게 둔 9코로 작업합니다. 9코를 바늘에 다시 끼우고, 안면을 바라보고 시작합니다.

31단(안면): 3코 코막음, 끝까지 안뜨기 (3코 감소, 6코)
32단(겉면): 끝까지 겉뜨기 (6코)
33단(안면): 2코 코막음, 끝까지 안뜨기 (2코 감소, 4코)
34단(겉면): 끝까지 겉뜨기 (4코)
35단(안면): 1코 코막음, 끝까지 안뜨기 (1코 감소, 3코)
36단(겉면): 끝까지 겉뜨기 (3코)
37단(안면): 1코 코막음, 끝까지 안뜨기 (1코 감소, 2코)
38단(겉면): 끝까지 겉뜨기 (2코)
39단(안면): 1코 코막음, 끝까지 안뜨기 (1코 감소, 1코)
40단(겉면): 실 자르고 코 사이로 잘라준 실 통과시켜 마무리

7번 조각
(뒷목 조각, 1장)

일반 코잡기로 36코를 잡아줍니다. 아래와 같이 떠줍니다.

1단(안면) : 모두 안뜨기
2단(겉면) : 모두 겉뜨기

1~2단을 반복하여 45단(안면)까지 떠준 후, 46단(겉면)을 뜰 차례에 아래와 같이 떠줍니다.

46단(겉면) : 5코 겉뜨기, 26코 코막음, 끝까지 겉뜨기

이제 바늘에 걸린 5코로만 작업합니다. 반대편의 실이 걸려 있지 않은 5코는 나중에 작업해줄 것이기 때문에 케이블에 걸어둔 채로 작업하거나 안전핀이나 별실에 빼서 쉬게 둡니다.

47단(안면) : 끝까지 안뜨기 (5코)
48단(겉면) : 3코 코막음, 끝까지 겉뜨기 (3코 감소, 2코)
49단(안면) : 끝까지 안뜨기 (2코)
50단(겉면) : 2코 코막음하여 마무리

이제 쉬게 둔 5코로 작업합니다. 5코를 바늘에 다시 끼우고, 안면을 바라보고 시작합니다.

47단(안면) : 3코 코막음, 끝까지 안뜨기 (3코 감소, 2코)
48단(겉면) : 끝까지 겉뜨기 (2코)
49단(안면) : 2코 코막음하여 마무리

8번 조각
(소매산 조각, 2장)

일반 코잡기로 66코를 잡고 아래와 같이 뜹니다.

1단(안면): 끝까지 안뜨기
2단(겉면): 끝까지 겉뜨기
3단(안면): 끝까지 안뜨기
4단(겉면): 5코 코막음, 끝까지 겉뜨기
5단(안면): 5코 코막음, 끝까지 안뜨기

이제 바늘에 총 56코가 걸려 있습니다. 아래와 같이 뜹니다.

6단(겉면): 1코 코막음, 끝까지 겉뜨기
7단(안면): 1코 코막음, 끝까지 안뜨기

6~7단을 총 10회 반복하여 양쪽 끝에서 코를 줄여줍니다. 이제 바늘에 총 36코가 걸려 있습니다. 그다음 아래와 같이 뜹니다.

26단(겉면): 3코 코막음, 끝까지 겉뜨기 (3코 감소, 33코)
27단(안면): 3코 코막음, 끝까지 안뜨기 (3코 감소, 30코)
28단(겉면): 4코 코막음, 끝까지 겉뜨기 (4코 감소, 26코)
29단(안면): 4코 코막음, 끝까지 안뜨기 (4코 감소, 22코)
30단(겉면): 5코 코막음, 끝까지 겉뜨기 (5코 감소, 17코)
31단(안면): 5코 코막음, 끝까지 안뜨기 (5코 감소, 12코)
32단(겉면): 12코 모두 코막음하여 마무리

9번 조각
(소매 윗부분
왼쪽 늘림 조각, 2장)

일반 코잡기로 30코를 잡고 아래와 같이 뜹니다.

1~13단: 메리야스뜨기(안뜨기 1단부터 시작해서 겉뜨기 1단, 안뜨기 1단을 반복하여 13단에는 안면에서 끝납니다)

14단(겉면): 마지막 2코 남을 때까지 겉뜨기, M1R, 겉 2

1~14단을 총 4회 반복하여 왼쪽 끝에서만 코를 늘려줍니다. 4회 반복이 끝나면 57단(안면)을 바라보며 안뜨기로 뜨면서 코막음하여 마무리합니다.

10번 조각
(소매 윗부분 오른쪽
늘림 조각, 2장)

일반 코잡기로 30코를 잡고 아래와 같이 뜹니다.

1~13단: 메리야스뜨기(안뜨기 1단부터 시작해서 겉뜨기 1단, 안뜨기 1단을 반복하여 13단에는 안면에서 끝납니다)

14단(겉면): 겉 2, M1L, 끝까지 겉뜨기

1~14단을 총 4회 반복하여 오른쪽 끝에서만 코를 늘려줍니다. 4회 반복이 끝나면 57단(안면)을 바라보며 안뜨기로 뜨면서 코막음하여 마무리합니다.

11번 조각
(소매 아랫부분
왼쪽 늘림 조각, 2장)

일반 코잡기로 26코를 잡고 아래와 같이 뜹니다.

1~13단: 메리야스뜨기(안뜨기 1단부터 시작해서 겉뜨기 1단, 안뜨기 1단을 반복하여 13단에는 안면에서 끝납니다)

14단(겉면): 마지막 2코 남을 때까지 겉뜨기, M1R, 겉 2

1~14단을 총 4회 반복하여 왼쪽 끝에서만 코를 늘려줍니다. 4회 반복이 끝나면 57단(안면)을 바라보며 안뜨기로 뜨면서 코막음하여 마무리합니다.

**12번 조각
(소매 아랫부분
오른쪽 늘림 조각, 2장)**

일반 코잡기로 26코를 잡고 아래와 같이 뜹니다.

1~13단: 메리야스뜨기(안뜨기 1단부터 시작해서 겉뜨기 1단, 안뜨기 1단을 반복하여 13단에는 안면에서 끝납니다)
14단(겉면): 겉 2, M1L, 끝까지 겉뜨기

1~14단을 총 4회 반복하여 오른쪽 끝에서만 코를 늘려줍니다. 4회 반복이 끝나면 57단(안면)을 바라보며 안뜨기로 뜨면서 코막음하여 마무리합니다.

조각 잇기, 고무단 뜨기

이제 모든 조각이 다 완성되었습니다. 총 28개의 조각입니다. 사진을 참고하여 메리야스 잇기로 잘 연결해준 후, 소매 부분, 몸통 부분, 목 둘레 부분에서 코를 주워 1코 고무단으로 떠줍니다. 목둘레는 2.5cm, 소매와 몸통 고무단은 6cm을 떠줍니다. 정확한 콧수에 맞출 필요 없이 코 부분에서는 매 코 줍고 단 부분에서는 3단에 2코 주워서 떠주고 1코 고무단 돗바늘 마무리로 코막음합니다. 꼬리실을 모두 정리하여 마무리합니다.

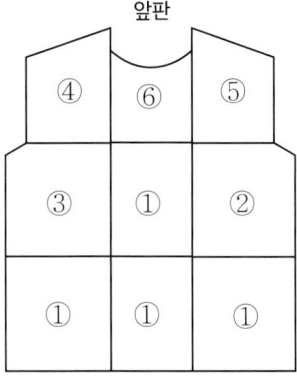
앞판

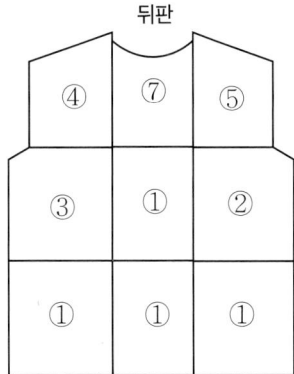
뒤판

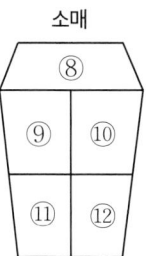
소매

HOW TO MAKE

ULTIMATE SADDLE SHOULDER

얼티밋 새들숄더

07

얼티밋 새들숄더 스웨터는 탑다운 방식으로 제작됩니다.
먼저 어깨 조각을 각각 떠준 후, 코를 주워 목 부분을 만들어주고
소매 늘림과 래글런 늘림을 만들어줍니다. 소매 분리 후 몸통과 소매를 각각 떠서 완성합니다.
울지 않는 새들숄더와 배색 부분이 포인트입니다. 여성의 경우 오버사이즈 핏이며,
남성의 경우 슬림 핏입니다. 여성들은 평소 입는 사이즈보다 작은 사이즈로,
남성들은 평소 입는 사이즈보다 큰 사이즈로 선택하는 것을 추천합니다.

참고 동영상 QR 코드

재료	마제스틱(1볼 / 50g / 121m) 8 (8) 8 (9) 9 (10) 10볼 + 마제스틱 혹은 비슷한 굵기의 실로 배색 부분 10g
바늘	3.5mm, 4mm(케이블 40cm, 80cm)
게이지	21코 32단(4mm 바늘, 10 × 10cm 메리야스 무늬)
사이즈	XS (S) M (L) XL (2XL) 3XL
가슴둘레	98 (104) 110 (114) 118 (124) 130cm
옷 길이	60 (60) 60 (62) 64 (64) 66cm
모델 착용 사이즈	S

새들 만들기 ✕

40cm 혹은 80cm 케이블을 연결한 4mm 바늘에 배색 색상을 이용해 일반 코잡기로 16코를 잡아줍니다. 코를 잡고 뜨는 첫 단은 안뜨기부터 시작하여, 32 (35) 35 (35) 35 (35) 38단이 될 때까지 떠줍니다. XS, 3XL 사이즈는 짝수단이기 때문에 겉뜨기까지 뜨고 끝이나며, 나머지 사이즈는 안뜨기까지 뜨고 끝이 납니다. 안전핀이나 단수 표시링에 16코를 옮겨 쉬게 둔 후, 실을 끊어줍니다. 같은 방법으로 총 2장을 뜹니다.

뒤판 뜨기 ✕

80cm 케이블을 연결한 4mm 바늘을 사용하여, 메인 색상으로 작업합니다. 새들 조각의 단 부분에서 코를 줍는데 새들 조각 하나의 겉면을 바라보고 코를 쉬게 둔 부분부터 코잡은 부분 방향으로 3단에 2코씩(2코 줍고 한 단 거르기) 총 22 (24) 24 (24) 24 (24) 26코를 주워줍니다. 감아코로 36 (36) 36 (36) 38 (38) 38코를 만들고, 나머지 새들 조각의 겉면을 바라보고 동일하게 단에서 코를 줍되, 이번에는 코잡은 부분부터 코를 쉬게 둔 방향으로 22 (24) 24 (24) 24 (24) 26코를 주워줍니다. 이제 바늘에 총 80 (84) 84 (84) 86 (86) 90코가 걸려 있습니다. 아래와 같이 되돌아뜨기(저먼 쇼트 로우[german short row] 사용, 턴으로 표기)로 뜨며 뒤판 어깨 처짐을 만들어줍니다.

1단(안면): 안뜨기 1단
2단(겉면): 마지막 15 (16) 16 (16) 16 (16) 18코 남을 때까지 겉뜨기, 턴
3단(안면): 마지막 15 (16) 16 (16) 16 (16) 18코 남을 때까지 안뜨기, 턴
4단(겉면): 마지막 8 (8) 8 (8) 8 (8) 9코 남을 때까지 겉뜨기, 턴
5단(안면): 마지막 8 (8) 8 (8) 8 (8) 9코 남을 때까지 안뜨기, 턴
6단(겉면): 끝까지 겉뜨기, 실 끊기

바늘에 걸린 뒤판에 해당하는 80 (84) 84 (84) 86 (86) 90코는 케이블에 걸어둔 채로, 뒤판을 뜨던 바늘 그대로 어깨로 진행합니다.

앞판 뜨기

입었을 때 기준으로 왼쪽 앞판부터 작업합니다. 왼쪽 새들의 겉면을 바라보고, 새들의 코잡은 부분부터 코를 쉬게 둔 부분 방향으로 3단에 2코씩(2코 줍고 한 단 거르기) 총 22 (24) 24 (24) 24 (24) 26코를 주워줍니다. 아래와 같이 되돌아뜨기(저먼 쇼트 로우[german short row] 사용, 턴으로 표기)로 앞판 어깨 처짐을 만들어줍니다:

1단(안면): 안뜨기 1단
2단(겉면): 마지막 15 (16) 16 (16) 16 (16) 18코 남을 때까지 겉뜨기, 턴
3단(안면): 끝까지 안뜨기
4단(겉면): 마지막 8 (8) 8 (8) 8 (8) 9코 남을 때까지 겉뜨기, 턴
5단(안면): 끝까지 안뜨기
6단(겉면): 끝까지 겉뜨기, 실 끊기

케이블에 걸린 뒤판 코에 양쪽 새들에서 쉬게 둔 16코씩을 케이블에 합쳐주고, 방금 완료된 왼쪽 앞판에 해당하는 22 (24) 24 (24) 24 (24) 26코도 케이블에 합쳐 줍니다. 이제 오른쪽 앞판으로 진행합니다.

오른쪽 새들의 겉면을 바라보고 코를 줍기 전에 오른쪽 바늘에 마커를 하나 걸어 줍니다. 새들과 오른쪽 앞판의 코를 분리하기 위함입니다. 새들의 코를 쉬게 둔 부분부터 코잡은 부분 방향으로 3단에 2코씩(2코 줍고 한 단 거르기) 총 22 (24) 24 (24) 24 (24) 26코를 주워줍니다. 아래와 같이 되돌아뜨기(저먼 쇼트 로우 [german short row] 사용, 턴으로 표기)로 뜨며 앞판 어깨 처짐을 만들어줍니다.

1단(안면): 마지막 15 (16) 16 (16) 16 (16) 18코 남을 때까지 안뜨기, 턴
2단(겉면): 끝까지 겉뜨기
3단(안면): 마지막 8 (8) 8 (8) 8 (8) 9코 남을 때까지 안뜨기, 턴
4단(겉면): 끝까지 겉뜨기
5단(안면): 마커까지 안뜨기 (22 (24) 24 (24) 24 (24) 26코)
6단(겉면): 끝까지 겉뜨기
7단(안면): 마커까지 22 (24) 24 (24) 24 (24) 26코 안뜨기, 마커 넘기기, 실 끊지 않은 상태에서 오른쪽 새들 16코 안뜨기, 마커 걸기, 뒤판 코 안뜨기, 마커 걸기, 왼쪽 새들 16코 안뜨기, 마커 걸기, 왼쪽 앞판 22 (24) 24 (24) 24 (24) 26코 안뜨기

이제 앞판, 새들, 뒤판이 모두 한 바늘에 합쳐진 상태입니다. 평면뜨기로 뜨며 앞 목 늘림과 소매 늘림을 시작합니다.

앞목 + 소매 늘림1

아래와 같이 뜹니다.

1단(겉면): 겉 2, M1L, 마커까지 겉뜨기(왼쪽 앞판), 마커 넘기기, M1L, 마커까지 겉뜨기(왼쪽 소매), M1R, 마커 넘기기, 마커까지 겉뜨기(뒤판), 마커 넘기기, M1L, 마커까지 겉뜨기(오른쪽 소매), M1R, 마커 넘기기, 마지막 2코 남을 때까지 겉뜨기(오른쪽 앞판), M1R, 겉 2
2단(안면): 끝까지 안뜨기

1~2단을 총 7 (7) 7 (7) 7 (7) 7회 반복합니다.

앞목 + 소매 늘림2

이제 목 끝부분에서 감아코로 늘림해줍니다. 앞으로 계속 만들어지는 감아코는 다음 단에서 일반 코와 똑같이 생각하고 겉면에서는 겉뜨기, 안면에서는 안뜨기로 떠줍니다. 아래와 같이 뜹니다.

1단(겉면): 마커까지 겉뜨기(왼쪽 앞판), 마커 넘기기, M1L, 마커까지 겉뜨기(왼쪽 소매), M1R, 마커 넘기기, 마커까지 겉뜨기(뒤판), 마커 넘기기, M1L, 마커까지 겉뜨기(오른쪽 소매), M1R, 마커 넘기기, 끝까지 겉뜨기(오른쪽 앞판), 감아코 2
2단(안면): 끝까지 안뜨기, 감아코 2
3단(겉면): 마커까지 겉뜨기(왼쪽 앞판), 마커 넘기기, M1L, 마커까지 겉뜨기(왼쪽 소매), M1R, 마커 넘기기, 마커까지 겉뜨기(뒤판), 마커 넘기기, M1L, 마커까지 겉뜨기(오른쪽 소매), M1R, 마커 넘기기, 끝까지 겉뜨기(오른쪽 앞판), 감아코 3
4단(안면): 끝까지 안뜨기, 감아코 3
5단(겉면): 마커까지 겉뜨기(왼쪽 앞판), 마커 넘기기, M1L, 마커까지 겉뜨기(왼쪽 소매), M1R, 마커 넘기기, 마커까지 겉뜨기(뒤판), 마커 넘기기, M1L, 마커까지 겉뜨기(오른쪽 소매), M1R, 마커 넘기기, 끝까지 겉뜨기(오른쪽 앞판), 감아코 12 (12) 12 (12) 14 (14) 14코,

이제 편물을 뒤집지 않고 겉면을 바라본 상태에서 왼쪽 바늘에 걸린 첫 코에 바늘을 찔러 원통으로 이어서 첫 번째 만나는 마커(왼쪽 어깨와 왼쪽 소매를 구분하는 마커)까지 겉뜨기로 떠줍니다. 이 마커가 원통의 시작 마커가 됩니다. 이제부터 원통으로 이어서 작업합니다.

소매 늘림3

이제 목 늘림은 하지 않고, 원통으로 뜨며 소매 부분에서만 동일하게 늘림해줍니다. 아래와 같이 뜹니다.

1단 : 겉뜨기
2단 : 시작 마커 넘기기, M1L, 마커까지 겉뜨기(왼쪽 소매), M1R, 마커 넘기기, 마커까지 겉뜨기(뒤판), 마커 넘기기, M1L, 마커까지 겉뜨기(오른쪽 소매), M1R, 마커 넘기기, 시작 마커까지 겉뜨기(앞판)

1~2단을 총 13 (12) 13 (11) 13 (12) 13번 반복합니다.

코 분배(/ 는 마커입니다)

80 (84) 84 (84) 86 (86) 90코(앞판) / 62 (60) 62 (58) 62 (60) 62코(소매) / 80 (84) 84 (84) 86 (86) 90코(뒤판) / 62 (60) 62 (58) 62 (60) 62코(소매)

래글런 늘림1

래글런 늘림1에서는 소매와 몸통 부분에서 2단에 1번씩 코를 늘려줍니다. 아래와 같이 뜹니다.

1단: 겉뜨기
2단: 시작 마커 넘기기, M1L, 마커까지 겉뜨기(왼쪽 소매), M1R, 마커 넘기기, 겉뜨기 2, M1L, 마커 2코 전까지 겉뜨기(뒤판), M1R, 겉뜨기 2, 마커 넘기기, M1L, 마커까지 겉뜨기(오른쪽 소매), M1R, 마커 넘기기, 겉뜨기 2, M1L, 마커 2코 전까지 겉뜨기(앞판), M1R, 겉뜨기 2

1~2단을 총 4 (5) 6 (8) 10 (12) 14번 반복합니다.

코 분배(/ 는 마커입니다)

88 (94) 96 (100) 106 (110) 118코(앞판) / 70 (70) 74 (74) 82 (84) 90코(소매) / 88 (94) 96 (100) 106 (110) 118코(뒤판) / 70 (70) 74 (74) 82 (84) 90코(소매)

래글런 늘림2

래글런 늘림2에서는 소매에서는 코를 늘리지 않고, 몸통 부분에서만 매 단 코를 늘려줍니다.

1단: 시작 마커 넘기기, 마커까지 겉뜨기(왼쪽 소매), 마커 넘기기, 겉뜨기 2, M1L, 마커 2코 전까지 겉뜨기(뒤판), M1R, 겉뜨기 2, 마커 넘기기, 마커까지 겉뜨기(오른쪽 소매), 마커 넘기기, 겉뜨기 2, M1L, 마커 2코 전까지 겉뜨기(앞판), M1R, 겉뜨기 2

1단을 총 4 (5) 6 (6) 4 (5) 4번 반복합니다.

코 분배(/ 는 마커입니다)
96 (104) 108 (112) 114 (120) 126코(앞판) / 70 (70) 74 (74) 82 (84) 90코(소매) / 96 (104) 108 (112) 114 (120) 126코(뒤판) / 70 (70) 74 (74) 82 (84) 90코(소매)

소매 분리

소매 분리를 하면서 시작 마커를 제외한 모든 마커는 빼줍니다.
아래와 같이 뜹니다.

시작 마커부터 다음 마커까지 소매에 해당하는 70 (70) 74 (74) 82 (84) 90코 여분의 실에 쉬게 두기, 감아코 10 (10) 10 (10) 12 (12) 14코, 마커까지 뒤판 96 (104) 108 (112) 114 (120) 126코 겉뜨기, 다음 마커까지 소매에 해당하는 70 (70) 74 (74) 82 (84) 90코 여분의 실에 쉬게 두기, 감아코 10 (10) 10 (10) 12 (12) 14코, 시작 마커까지 앞판 96 (104) 108 (112) 114 (120) 126코 겉뜨기

몸통 뜨기

이제 소매 분리가 완료되었습니다. 뒷목에서부터 쟀을 때 몸통 길이가 52 (52) 52 (54) 56 (56) 58cm 혹은 원하는 길이가 될 때까지 겉뜨기로 뜹니다. 그다음 3.5mm 바늘로 바꾸고 1단을 뜬 뒤, 1코 고무뜨기(겉 1, 안 1 반복)로 6cm가 될 때까지 뜹니다. 1코 고무단 돗바늘 마무리로 코막음하여 마무리합니다.

소매 뜨기

쉬게 둔 소매 코들을 40cm 케이블을 연결한 4mm 바늘에 다시 끼워줍니다. 몸통에서 감아코를 만들어준 부분에서 5 (5) 5 (5) 6 (6) 7코를 줍고 시작 마커를 걸고, 다시 나머지 5 (5) 5 (5) 6 (6) 7코를 주워줍니다. 시작 마커로 돌아올 때까지 한 단을 뜹니다(감아코 중간 부분에서 원래 한 단 차이가 납니다). 아래와 같이 뜨며 소매 코를 줄여줍니다.

1~6단: 겉뜨기
7단(줄임단): ssk, 마지막 2코 남을 때까지 겉뜨기, k2tog

1~7단을 총 14번 반복합니다. 그다음 줄임단 없이 겉뜨기로 10 (10) 8 (6) 6 (4) 4단을 뜹니다.

3.5mm 바늘로 바꾸고 한 단을 떠준 뒤, 1코 고무뜨기(겉 1, 안 1, 반복)로 5cm가 될 때까지 뜹니다(만약 콧수가 홀수라서 규칙이 맞지 않는다면 고무단 시작 직전 끝에서 줄여서 맞춰줍니다). 1코 고무단 돗바늘 마무리로 코막음하여 마무리합니다.

목둘레 뜨기

40cm 케이블을 연결한 3.5mm 바늘을 이용해 뒤판의 겉면을 바라보고 뒷목의 오른쪽 끝부분부터 코를 주워줍니다. 뒷목의 코 부분과 앞목의 감아코 부분에서는 매 코 줍고, 목의 평단 부분과 줄임(1코씩 줄인 부분)에서는 3단마다 2코씩 주워 총 약 124 (124) 124 (124) 128 (128) 128코를 주워줍니다. 콧수는 정확히 맞지 않아도 되며, 1코 고무단을 위해 짝수 코로만 맞춰도 좋습니다. 1코 고무뜨기로 8단(2.5cm)를 뜬 후 1코 고무단 돗바늘 마무리로 코막음하여 마무리합니다.

HOW TO MAKE

BRIOCHE HALF ZIP-UP

브리오쉬 하프 집업

08

브리오쉬 하프 집업은 탑다운/바텀업 방식으로 제작됩니다.
먼저 평면뜨기로 요크 부분을 완성한 후 원통으로 이어서 작업합니다.
소매 분리를 해준 후 몸통과 소매를 완성하고 칼라를 떠서 마무리합니다.
스탠더드 핏이고 브리오쉬 조직은 잘 늘어나기 때문에
정사이즈로 선택하는 것을 추천합니다.

참고 동영상 QR 코드

재료	에어리코튼(1볼 / 100g / 540m) 6 (6) 7 (7) 8 (8) 9볼
바늘	4mm, 5mm(케이블 40cm, 80cm)
게이지	19코 29단(5mm 바늘, 10 × 10cm 브리오쉬 무늬)
사이즈	XS (S) M (L) XL (2XL) 3XL
가슴둘레	93 (97) 102 (110) 114 (125) 133
옷 길이	46 (46) 48 (48) 50 (50) 52cm (칼라 아래 부분부터 잰 길이)
모델 착용 사이즈	S

약어

Slyo(slip one yarn over): 실을 앞으로 가져온 상태에서 왼쪽 바늘에 있는 코를 오른쪽 바늘로 안뜨기 방향으로 거르기

Brk(brioche knit): 브리오쉬 겉뜨기. 겹쳐진 2코를 한 번에 겉뜨기하기

브리오쉬 패턴대로 뜨기: 1코로 보이는 코는 Slyo로 뜨고, 두 가닥이 겹쳐진 코는 한 번에 Brk로 뜨기(평면뜨기에서는 항상 [Slyo, Brk 1] 규칙을 따름)

브리오쉬 코늘림: Brk코를 뜬 상태에서, 왼쪽 바늘에서 코를 빼지 않고 오른쪽 바늘에 실을 한 번 걸친 뒤 다시 왼쪽 바늘에 걸린 코에 찔러 넣어 실을 끌고 나온 다음 왼쪽 바늘에서 코를 빼준다. → 2코 증가

brLsl(브리오쉬 왼코 줄임): 3코를 이용하여 진행됩니다. 첫 번째(brk)코 겉뜨기 방향으로 거르기, 실 앞에 둔 상태에서 두 번째와 세 번째 코 한 번에 찔러 한 번에 겉뜨기, 걸러준 첫 번째 코를 방금 떠준 코에 덮어 씌우기

brRsl(브리오쉬 오른코 줄임): 3코를 이용하여 진행됩니다. 첫 번째(brk)코 겉뜨기 방향으로 거르기, 실 뒤에 둔 상태에서 두 번째 코 겉뜨기, 걸러준 첫 번째 코를 방금 떠준 코에 덮어 씌우기, 덮어 씌워진 코를 왼쪽 바늘로 안뜨기 방향으로 찔러 옮기기, 세 번째(brk)코를 옮겨준 코에 덮어 씌우기, 덮어 씌워진 코를 다시 오른쪽 바늘로 안뜨기 방향으로 거르기

코잡기

모든 부분은 에어리코튼 2겹으로 진행합니다.

80cm 케이블을 연결한 5mm 바늘에 일반 코잡기로 아래와 같이 마커를 걸며 코를 잡아줍니다.
2 (2) 2 (2) 2 (2) 2코 잡기(왼쪽 앞판), 마커 걸기, 9 (9) 9 (9) 9 (9) 9코 잡기(왼쪽 소매), 마커 걸기, 27 (27) 27 (27) 27 (31) 31코 잡기(뒤판), 9 (9) 9 (9) 9 (9) 9코

잡기(오른쪽 소매), 1 (1) 1 (1) 1 (1) 1코 잡기(오른쪽 앞판)

> **TIP**
> 브리오쉬는 총 콧수를 짝수로 맞춰야 양쪽 끝을 따로 처리하지 않아도 깔끔하기 때문에 한쪽 앞판이 다른 한쪽보다 1코 적습니다.

아래와 같이 셋업단을 뜹니다.

셋업단 1단(안면): slyo, 겉 1 반복
셋업단 2단(겉면): slyo, brk 반복
셋업단 3단(안면): slyo, brk 반복

다음 단은 겉면입니다.

소매 바깥쪽 늘림1 ✕

이제 9코에 해당하는 소매 부분 바깥쪽에서만 코를 늘려줍니다. 소매 코는 계속 9코로 유지되며, 앞판과 뒤판에서만 코가 늘어납니다. 소매 바깥쪽 늘림 1을 뜨기 전, 앞 뒤 구분을 위해 겉면에 마커를 걸어 표시해주세요.

> **TIP**
> 편물을 바라봤을 때 뜨는 실과 꼬리실이 반대편에 있으면 겉면입니다. 아래와 같이 뜹니다.

1단(겉면, 늘림단): slyo, 브리오쉬 코늘림, 마커 넘기기, 9코 브리오쉬 패턴대로 뜨기(왼쪽 소매), 마커 넘기기, 브리오쉬 코늘림, 마커 1코 전까지 브리오쉬 패턴대로 뜨기(뒤판), 브리오쉬 코늘림, 마커 넘기기, 9코 브리오쉬 패턴대로 뜨기(오른쪽 소매), 마커 넘기기, 브리오쉬 코늘림
2단(안면): 브리오쉬 패턴대로 뜨기(slyo, brk 반복)
3단(겉면): 브리오쉬 패턴대로 뜨기(slyo, brk 반복)
4단(안면): 브리오쉬 패턴대로 뜨기(slyo, brk 반복)
5단(겉면, 늘림단): 마커 1코 전까지 브리오쉬 패턴대로 뜨기(왼쪽 앞판), 브리오쉬 코늘림, 마커 넘기기, 9코 브리오쉬 패턴대로 뜨기(왼쪽 소매), 마커 넘기기, 브리오쉬 코늘림, 마커 1코 전까지 브리오쉬 패턴대로 뜨기(뒤판), 브리오쉬 코늘림, 마커 넘기기, 9코 브리오쉬 패턴대로 뜨기(오른쪽 소매), 마커 넘기기, 브리오쉬 코늘림, 끝까지 브리오쉬 패턴대로 뜨기(오른쪽 앞판)
6단(안면): 브리오쉬 패턴대로 뜨기(slyo, brk 반복)
7단(겉면): 브리오쉬 패턴대로 뜨기(slyo, brk 반복)
8단(안면): 브리오쉬 패턴대로 뜨기(slyo, brk 반복)

5~8단을 총 6 (6) 6 (7) 7 (7) 8번 반복합니다. 1단에서 했던 코늘림까지 포함하면 총 7 (7) 7 (8) 8 (8) 9번의 늘림단이 진행되었습니다.

코 분배(겉면 기준, / 는 마커입니다)
16 (16) 16 (18) 18 (18) 20코(왼쪽 앞판) / 9 (9) 9 (9) 9 (9) 9코(왼쪽 소매) / 55 (55) 55 (59) 59 (63) 67코(뒤판) / 9 (9) 9 (9) 9 (9) 9코(오른쪽 소매) / 15 (15) 15 (17) 17 (17) 19코(오른쪽 앞판)

소매 바깥쪽 늘림2와 목늘림

지금부터는 기존처럼 소매 바깥쪽 늘림을 동일하게 진행해주되, 앞판 끝부분에서도 늘림해줍니다. 아래와 같이 뜹니다.

1단(겉면, 늘림단): slyo, brk, slyo, 브리오쉬 코늘림, 마커 1코 전까지 브리오쉬 패턴대로 뜨기(왼쪽 앞판), 브리오쉬 코늘림, 마커 넘기기, 9코 브리오쉬 패턴대로 뜨기(왼쪽 소매), 마커 넘기기, 브리오쉬 코늘림, 마커 1코 전까지 브리오쉬 패턴대로 뜨기(뒤판), 브리오쉬 코늘림, 마커 넘기기, 9코 브리오쉬 패턴대로 뜨기(오른쪽 소매), 마커 넘기기, 브리오쉬 코늘림, 마지막 3코 남을 때까지 브리오쉬 패턴대로 뜨기(오른쪽 앞판), 브리오쉬 코늘림, slyo, brk
2단(안면): 브리오쉬 패턴대로 뜨기(slyo, brk 반복)
3단(겉면): 브리오쉬 패턴대로 뜨기(slyo, brk 반복)
4단(안면): 브리오쉬 패턴대로 뜨기(slyo, brk 반복)

1~4단을 총 2 (2) 2 (2) 2 (2) 2번 반복합니다.
그다음 아래와 같이 뜹니다.

1단(겉면, 늘림단): slyo, brk, slyo, 브리오쉬 코늘림, 마커 1코 전까지 브리오쉬 패턴대로 뜨기(왼쪽 앞판), 브리오쉬 코늘림, 마커 넘기기, 9코 브리오쉬 패턴대로 뜨기(왼쪽 소매), 마커 넘기기, 브리오쉬 코늘림, 마커까지 1코 전까지 브리오쉬 패턴대로 뜨기(뒤판), 브리오쉬 코늘림, 마커 넘기기, 9코 브리오쉬 패턴대로 뜨기(오른쪽 소매), 마커 넘기기, 브리오쉬 코늘림, 마지막 3코 남을 때까지 브리오쉬 패턴대로 뜨기(오른쪽 앞판), 브리오쉬 코늘림, slyo, brk, 감아코 6 (6) 6 (6) 6 (8) 8코 만들기
2단(안면): 감아코 부분 (안 1, 겉 1) 반복으로 뜨기, 끝까지 브리오쉬 패턴대로 뜨기, 6 (6) 6 (6) 6 (8) 8코 만들기
3단(겉면): 감아코 부분 (안 1, 겉 1) 반복으로 뜨기, 끝까지 브리오쉬 패턴대로 뜨기(단의 끝부분에서 전 단에서 감아코 만들어준 부분을 만나면 slyo, 겉 1로 뜨기)
4단(안면): 브리오쉬 패턴대로 뜨기(단의 끝부분에서 전 단에서 감아코 만들어준 부분을 만나면 slyo, 겉 1로 뜨기)

코 분배(겉면 기준, / 는 마커입니다)

34 (34) 34 (36) 36 (38) 40코(왼쪽 앞판) / 9 (9) 9 (9) 9 (9) 9코(왼쪽 소매) / 67 (67) 67 (71) 71 (75) 79코(뒤판) / 9 (9) 9 (9) 9 (9) 9코(오른쪽 소매) / 33 (33) 33 (35) 35 (37) 39코(오른쪽 앞판)

소매 안쪽 늘림1

이제 소매 바깥쪽 늘림이나 목 늘림은 하지 않고, 소매 안쪽에서만 늘림을 진행해 줍니다. 아래와 같이 뜹니다.

1단(겉면, 늘림단): 마커까지 브리오쉬 패턴대로 뜨기(왼쪽 앞판), 마커 넘기기, slyo, 브리오쉬 코늘림, 마커 2코 전까지 브리오쉬 패턴대로 뜨기(왼쪽 소매), 브리오쉬 코늘림, slyo, 마커 넘기기, 마커까지 브리오쉬 패턴대로 뜨기(뒤판), 마커 넘기기, slyo, 브리오쉬 코늘림, 마커 2코 전까지 브리오쉬 패턴대로 뜨기(오른쪽 소매), 브리오쉬 코늘림, slyo, 마커 넘기기, 끝까지 브리오쉬 패턴대로 뜨기(오른쪽 앞판)
2단(안면): 브리오쉬 패턴대로 뜨기(slyo, brk 반복)
3단(겉면): 브리오쉬 패턴대로 뜨기(slyo, brk 반복)
4단(안면): 브리오쉬 패턴대로 뜨기(slyo, brk 반복)
5단(겉면): 브리오쉬 패턴대로 뜨기(slyo, brk 반복)
6단(안면): 브리오쉬 패턴대로 뜨기(slyo, brk 반복)

1~6단을 총 10 (10) 10 (10) 10 (10) 10번 반복한 후, 1단부터 5단까지만 1 (1) 1 (1) 1 (1) 1번 더 뜹니다.

> **TIP**
> 즉, 총 11번 반복하되, 11번째 반복에서는 5단까지만 뜨는 것입니다.

5단(겉면)까지 다 뜬 상태에서, 뒤집지 않고 원통으로 이어서 떠주되 지금 상태에서 뜨면 원통의 시작점이 옷의 앞쪽 중심에서 보이기 때문에 실을 끊고 시작점을 왼쪽 소매와 뒤판 사이 부분으로 이동합니다. 아래와 같이 뜹니다.

겉면을 바라보고 있는 상태에서, 실을 끊어줍니다. 실이 잘린 쪽의 바늘을 오른손에 잡고, 왼손에 실이 없는 쪽의 바늘을 잡고 원통뜨기로 뜰 준비를 합니다(동영상 참고). 그다음, 왼쪽 앞판과 왼쪽 소매 코를 뜨지 않고 오른쪽 바늘로 옮겨줍니다. 마커들도 함께 옮겨줍니다. 왼쪽 소매와 뒤판을 구분하는 마커까지 오른쪽 바늘에 옮겨줍니다. 이 마커가 원통의 시작 마커가 됩니다.

이제 새 실을 걸고 [slyo, brp]를 반복합니다. 중간에 원통으로 이어지지 않은 부분을 만나면 규칙에 맞게 동일하게 진행하면 원통으로 이어집니다(원통으로 이어지는 부분이 꼬이거나 뒤집어지지 않게 주의하세요). 시작 마커까지 규칙대로 [slyo, brp]로 뜹니다.

이제 편물이 원통으로 이어졌으며, brp단까지 떠진 상태입니다. 원통 브리오쉬는 brk단과 brp단을 번갈아가며 뜨게 되며, 다음 단은 brk단입니다.

XS, S 사이즈는 모든 소매 늘림이 종료되었으므로 바로 진동 늘림1로 넘어가고, M, L, XL, 2XL, 3XL 사이즈는 소매 안쪽 늘림2로 넘어가서 소매 늘림을 이어서 떠줍니다.

소매 안쪽 늘림2 (M, L, XL, 2XL, 3XL 사이즈만)

1단(brk단, 늘림단): 시작 마커 넘기기, 마커까지 브리오쉬 패턴대로 뜨기(brk, slyo)(뒤판), 마커 넘기기, slyo, 브리오쉬 코늘림, 마커 2코 전까지 브리오쉬 패턴대로 뜨기(오른쪽 소매), 브리오쉬 코늘림, slyo, 마커 넘기기, 마커까지 브리오쉬 패턴대로 뜨기(앞판), 마커 넘기기, slyo, 브리오쉬 코늘림, 마커 2코 전까지 브리오쉬 패턴대로 뜨기(왼쪽 소매), 브리오쉬 코늘림, slyo

2단(brp단): 브리오쉬 패턴대로 뜨기(slyo, brp 반복)

3단(brk단): 브리오쉬 패턴대로 뜨기(brk, slyo 반복)

4단(brp단): 브리오쉬 패턴대로 뜨기(slyo, brp 반복)

5단(brk단): 브리오쉬 패턴대로 뜨기(brk, slyo 반복)

6단(brp단): 브리오쉬 패턴대로 뜨기(slyo, brp 반복)

1~6단을 총 0 (0) 1 (2) 3 (4) 4회 반복합니다.

코 분배(/ 는 마커입니다)
67 (67) 67 (71) 71 (75) 79코(뒤판) / 53 (53) 57 (61) 65 (69) 69코(오른쪽 소매) / 67 (67) 67 (71) 71 (75) 79코(앞판) / 53 (53) 57 (61) 65 (69) 69코(왼쪽 소매) /

진동 늘림1

진동 늘림1에서는 소매 코는 늘어나지 않고, 몸통 부분에서만 코를 6단에 한 번씩 늘려줍니다. 아래와 같이 뜹니다.

1단(brk단, 늘림단): 시작 마커 넘기기, 브리오쉬 코늘림, 마커 1코 전까지 브리오쉬 패턴대로 뜨기(slyo, brk)(뒤판), 브리오쉬 코늘림, 마커 넘기기, 마커까지 브리오쉬 패턴대로 뜨기(오른쪽 소매), 마커 넘기기, 브리오쉬 코늘림, 마커 1코 전까지 브리오쉬 패턴대로 뜨기(앞판), 브리오쉬 코늘림, 마커 넘기기, 마커까지 브리오쉬 패턴대로 뜨기(왼쪽 소매)

2단(brp단): 브리오쉬 패턴대로 뜨기(slyo, brp 반복)
3단(brk단): 브리오쉬 패턴대로 뜨기(brk, slyo 반복)
4단(brp단): 브리오쉬 패턴대로 뜨기(slyo, brp 반복)
5단(brk단): 브리오쉬 패턴대로 뜨기(brk, slyo 반복)
6단(brp단): 브리오쉬 패턴대로 뜨기(slyo, brp 반복)

1~6단을 총 2 (3) 3 (2) 2 (2) 1회 반복합니다. XS, S 사이즈는 모든 진동 늘림이 종료되었으므로 바로 소매 분리로 넘어가고, 나머지 사이즈는 진동 늘림2로 넘어가서 진동 늘림을 이어서 떠줍니다.

진동 늘림2 (M, L, XL, 2XL, 3XL 사이즈만)

진동 늘림2에서는 M, L, XL, 2XL, 3XL 사이즈만 추가로 4단에 1번씩 코를 늘려줍니다. 아래와 같이 뜹니다.

1단(brk단, 늘림단): 시작 마커 넘기기, 브리오쉬 코늘림, 마커 1코 전까지 브리오쉬 패턴대로 뜨기(brk, slyo)(뒤판), 브리오쉬 코늘림, 마커 넘기기, 마커까지 브리오쉬 패턴대로 뜨기(오른쪽 소매), 마커 넘기기, 브리오쉬 코늘림, 마커 1코 전까지 브리오쉬 패턴대로 뜨기(앞판), 브리오쉬 코늘림, 마커 넘기기, 마커까지 브리오쉬 패턴대로 뜨기(왼쪽 소매)
2단(brp단): 브리오쉬 패턴대로 뜨기(slyo, brp 반복)
3단(brk단): 브리오쉬 패턴대로 뜨기(brk, slyo 반복)
4단(brp단): 브리오쉬 패턴대로 뜨기(slyo, brp 반복)

1~4단을 총 0 (0) 1 (3) 4 (5) 7회 반복합니다.

코 분배(/ 는 마커입니다)
75 (79) 83 (91) 95 (103) 111코(뒤판) / 53 (53) 57 (61) 65 (69) 69코 (오른쪽 소매) / 75 (79) 83 (91) 95 (103) 111코(앞판) / 53 (53) 57 (61) 65 (69) 69코 (왼쪽 소매) /

소매 분리

진동 늘림이 모두 끝나고 brk단을 뜰 차례에 아래와 같이 소매 분리를 진행합니다.

시작 마커 넘기기, 마커까지 뒤판에 해당하는 75 (79) 83 (91) 95 (103) 111코 브리오쉬 패턴대로 뜨기, 마커 빼기, 마커까지 오른쪽 소매 53 (53) 57 (61) 65 (69) 69코 여분의 실에 쉬게 두기, 마커 빼기, 감아코 13 (13) 13 (13) 13 (15) 15코, 마커까지 앞판에 해당하는 75 (79) 83 (91) 95 (103) 111코 브리오쉬 패턴대로 뜨기, 마커 빼기, 마커까지 왼쪽 소매 53 (53) 57 (61) 65 (69) 69코 여분의 실에 쉬게 두기, 마커 빼기, 감아코 13 (13) 13 (13) 13 (15) 15코

몸통 뜨기

이제 소매와 몸통이 분리되었습니다. 시작 마커를 넘기면 원통으로 brp단(slyo, brp 반복)입니다. 원통뜨기 브리오쉬 패턴대로 brp, brk단을 반복하여 뒷목 중심 부분부터 전체 길이가 40 (40) 42 (42) 44 (44) 46cm 혹은 원하는 길이가 될 때까지 뜹니다. 감아코로 만들어준 부분을 만나면 첫 번째 단에서는 (안 1, 겉 1) 반복, 안 1로 끝나는 규칙으로 떠주고, 그다음부터는 브리오쉬 패턴을 유지하며 떠줍니다.

몸통을 원하는 길이만큼 다 떠줬으면 아래와 같이 줄임단 한 단을 떠서 몸통 코를 줄여줍니다

줄임단: [13코 브리오쉬 패턴대로 뜨기, brLsl dec] 시작 마커까지 반복(마지막에 규칙에 딱 맞게 끝나지 않을 수 있습니다. 줄임단은 딱 한 단만 뜹니다)

이제 그대로 5mm 바늘을 이용하여 1코 고무뜨기(겉 1, 안 1 반복)로 6cm를 떠줍니다. 1코 고무단 규칙이 맞지 않는 경우 고무단 첫 단에서 마지막 2코를 한 번에 떠서 규칙에 맞춰줍니다. 1코 고무단 돗바늘 마무리로 코막음합니다.

소매 뜨기

쉬게 둔 소매 코를 다시 5mm 바늘에 끼운 후, 감아코 부분에서 코를 주워줍니다. 오른쪽 끝부분부터 시작하여 6 (6) 6 (6) 6 (8) 8코를 줍고, 시작 마커를 걸고, 나머지 7 (7) 7 (7) 7 (7) 7코를 주워줍니다. 새 실을 걸고 아래와 같이 뜹니다.

소매 코 (slyo, brk) 규칙으로 뜨기, 소매 마지막 코와 감아코의 첫 번째 코 한 번에 slyo, 겉 1, 시작 마커까지 (slyo, 겉 1) 반복, 시작 마커 넘기기, 감아코 마지막 1코 남을 때까지 (안 1, slyo), 감아코 마지막 코와 소매 첫 번째 코를 한 번에 brp, 시작 마커로 돌아올 때까지 brp단 규칙에 맞게 뜨기

이제 소매 원통뜨기를 위한 규칙 세팅이 모두 끝났습니다. 이제 바늘에 64 (64) 68 (72) 76 (82) 82코가 걸려 있습니다. 원통뜨기 브리오쉬 패턴대로 brk단, brp단을 반복하여 감아코 부분부터 약 13 (13) 13 (11) 10 (8) 8cm 될 때까지 떠줍니다. 그다음 아래와 같이 소매 코를 줄여줍니다.

1단(줄임단, brk단): slyo, brLsl dec, 마지막 5코 남을 때까지 무늬에 맞춰 뜨기, brRsl dec, slyo, brk
2~28단: 브리오쉬 패턴대로 brp, brk단 반복(28단 brp단까지 뜨고 끝나며, 브리오쉬로 2단을 떠야 V자 모양 1개가 만들어지기 때문에, 코줄임 위로 V자가 13개 생성됩니다)

1~28단을 총 3 (3) 3 (3) 3 (3) 3번 반복 후, 줄임단 1번, 브리오쉬 V자 모양 5개가 더 생길 때까지 떠줍니다. 즉, 코줄임은 총 4번이며 마지막 코줄임 후 V자 모양이 위로 5개가 더 생겨 있는 모습입니다. brp단까지 뜬 후, 다음 단은 brk 단입니다. 아래와 같이 줄임단 한 단을 떠서 고무단 들어가기 전에 코를 더 줄여줍니다.

줄임단: [3코 브리오쉬 패턴대로 뜨기, brLsl dec] 시작 마커까지 반복(마지막에 규칙에 딱 맞게 끝나지 않을 수 있습니다)

이제 그대로 5mm 바늘을 이용하여 1코 고무뜨기(겉 1, 안 1 반복)로 6cm를 떠줍니다. 1코 고무단 규칙이 맞지 않는 경우 고무단 첫 단에서 마지막 2코를 한 번에 떠서 규칙에 맞춰줍니다. 1코 고무단 돗바늘 마무리로 코막음합니다.

칼라 뜨기

옷의 겉면을 바라보고 80cm 케이블을 연결한 5mm 바늘을 이용하여 입었을 때 기준 오른쪽 앞판에서부터 시작하여 왼쪽 앞판 방향으로 매 코 매 단 코를 주워줍니다. 대략 총 96 (96) 96 (102) 102 (102) 108코가 됩니다. 첫 코를 거르지 않고 잘 당겨가며 1코 고무뜨기(겉 1, 안 1 반복)로 뜨되, 첫 단에서 고무단 규칙을 세팅해줄 때 목 뒷부분에서 가로줄에 안뜨기, V자에 겉뜨기가 떠질 수 있도록 맞춰줍니다.

1코 고무단을 18cm 될 때까지 뜬 후, 겉면(뒤판 겉면을 바라보고 있을 때)을 뜰 차례에 4mm 바늘로 바꿔준 후 겉뜨기부터 시작하는 메리야스뜨기(겉뜨기 1단, 안뜨기 1단)로 6단을 뜹니다. 메리야스뜨기 7단(겉면)을 뜰 차례에 겉뜨기로 7코를 뜨고 단수링에 빼두고, 실을 칼라 가로 길이의 3배만큼 남기고 잘라 마지막 7코 남을 때까지 모두 돗바늘로 목 안쪽에 꿰매줍니다(동영상 참고). 마지막 남은 7코는 새 실을 걸어 메리야스뜨기로 몸통의 원통으로 연결한 부분까지 떠준 후 실을 끊고 단수링에 옮겨 쉬게 두고, 반대편에 빼둔 7코도 새 실을 걸어 메리야스뜨기로 같은 길이로 떠줍니다. 두 번째로 떠준 7코 부분의 안면까지 뜨고 이어서 반대편에 쉬게 둔 7코의 안쪽 면을 바라보고 꼬이지 않도록 잘 정렬한 후 안뜨기로 이어서 떠줍니다. 이제 한 바늘에 14코가 걸려 있고, 양쪽 부분이 이어진 상태입니다. 메리야스뜨기로 3cm를 뜨고 코막음합니다.

지퍼 달기

27cm 이상의 지퍼를 준비한 후 반 접은 고무단 칼라 부분 사이에 한 쪽씩 끼워줍니다. 메리야스뜨기로 뜬 지퍼 안쪽 부분으로 지퍼를 덮어 시침핀으로 잘 고정한 뒤 비슷한 색상의 바느질용 실로 꿰매어줍니다.
모든 꼬리실을 돗바늘로 정리하여 마무리합니다.

(HOW TO MAKE)

VEGETABLE TAILOR TOP

베지터블 테일러탑

09

베지터블 테일러탑은 탑다운 방식으로 제작됩니다.
겹단으로 시작하여 평면뜨기로 앞/뒤판 상단 부분을 뜨고, 원통으로 이어서 몸통을 뜬 후
겹단으로 마무리해줍니다. 진동 부분에서 코를 주워 끈을 떠서 완성합니다.
기성복 같은 핏과 속옷이 보이지 않게 섬세하게 디자인된 진동 길이가 특징입니다.
이너로 입는 슬림핏이므로 가슴둘레 실측 사이즈와 딱 맞거나 약간 작습니다.
사이즈는 정사이즈로 선택하는 것을 추천합니다.

참고 동영상 QR 코드

재료	베지터블(1볼 / 100g / 250m) 2 (2) 2 (2) 3 (3) 3볼
바늘	3.5mm, 3mm(케이블 40cm, 80cm)
게이지	24코 38단(3.5mm 바늘, 10 × 10cm 메리야스 무늬)
사이즈	XS (S) M (L) XL (2XL) 3XL
가슴둘레	65 (68) 70 (73) 76 (80) 83cm
옷 길이	34 (34) 36 (36) 36 (38) 38cm (끈 제외)
모델 착용 사이즈	S

테일러탑을 뜨기 전에

배색을 원하는 경우 앞판/뒤판 시작 부분 겹단과 마지막 끝나는 부분 겹단에서만 다른 색상을 이용하여 뜬 후, 끈을 뜰 때도 다른 색상으로 뜹니다.

앞판 상단 뜨기

80cm 케이블을 연결한 3mm 바늘에 동영상을 참고하여 주디스 매직 캐스트온(Judy's magic cast on) 방식으로 108 (108) 108 (108) 112 (112) 116코를 잡아줍니다. 한쪽 바늘당 각각 54 (54) 54 (54) 56 (56) 58코가 걸려 있습니다. 아래와 같이 뜹니다.

1단(앞): 끝까지 겉뜨기
2단(뒤): 끝까지 겉뜨기

1~2단을 총 8 (8) 8 (8) 8 (8) 8회 반복하여 겹단으로 8단(2cm)이 될 때까지 뜹니다.

이제 3.5mm 바늘을 준비하여, 겹단을 합쳐줍니다. 3mm 바늘 2개를 나란히 포개어놓고, 80cm 케이블을 연결한 3.5mm 바늘을 이용하여 3mm 바늘에 걸린 앞 바늘에 있는 코와 뒷 바늘에 걸려 있는 코를 한 번에 찔러 겉뜨기로 떠줍니다. 3mm 바늘에 걸린 모든 앞, 뒤 코들을 한 번에 찔러 겉뜨기로 떠주고 나면, 3.5mm 바늘에 54 (54) 54 (54) 56 (56) 58코가 걸려 있게 됩니다. 그다음 평면뜨기 메리야스뜨기(안뜨기 1단, 겉뜨기 1단 반복)로 7 (7) 5 (5) 5 (3) 3단을 뜹니다(안뜨기 단부터 시작하여 안뜨기까지 뜨고 끝납니다).

앞판 상단 늘림1

이제 양쪽 끝에서 진동 늘림을 시작합니다. 아래와 같이 뜹니다.

1단(겉면): 겉 3, M1L, 마지막 3코 남을 때까지 겉뜨기, M1R, 겉 3
2단(안면): 끝까지 안뜨기

1~2단을 총 8 (8) 9 (9) 9 (9) 9회 반복합니다. 그다음 1단을 1 (1) 1 (1) 1 (1) 1번 더 뜹니다. 즉, 총 9 (9) 10 (10) 10 (10) 10회의 늘림이 진행되었고, 겉면까지 뜬 상태입니다. 이제 바늘에 72 (72) 74 (74) 76 (76) 78코가 걸려 있습니다. (L) XL 사이즈는 다음 앞판 상단 늘림2를 진행하고, (L) XL 사이즈를 제외한 나머지 사이즈들은 모든 늘림이 끝났습니다. 실을 끊고 코를 여분의 케이블이나 자투리 실에 쉬게 둡니다.

앞판 상단 늘림2

(L) XL 사이즈만 추가로 늘림을 더 진행해줍니다. 아래와 같이 뜹니다.

1단(안면): 안 3, M1L(안), 마지막 3코 남을 때까지 안뜨기, M1R(안), 안 3
2단(겉면): 겉 3, M1L, 마지막 3코 남을 때까지 겉뜨기, M1R, 겉 3

이제 모든 늘림이 끝났습니다. 실을 끊고 코를 여분의 케이블이나 자투리 실에 쉬게 둡니다.

뒤판 상단 뜨기

뒤판은 앞판과 동일한 방법으로 뜨되, 길이를 평단 부분에서 앞판보다 약간 더 길게 뜹니다.
80cm 케이블을 연결한 3mm 바늘에 동영상을 참고하여 주디스 매직 캐스트온(Judy's magic cast on) 방식으로 108 (108) 108 (108) 112 (112) 116코를 잡아줍니다. 한쪽 바늘당 각각 54 (54) 54 (54) 56 (56) 58코가 걸려있습니다. 아래와 같이 뜹니다.

1단(앞): 끝까지 겉뜨기
2단(뒤): 끝까지 겉뜨기

1~2단을 총 8 (8) 8 (8) 8 (8) 8회 반복하여 겹단으로 8단(2cm)이 될 때까지 뜹니다.

이제 3.5mm 바늘을 준비하여, 겹단을 합쳐줍니다. 3mm 바늘 2개를 나란히 포개어놓고, 80cm 케이블을 연결한 3.5mm 바늘을 이용하여 3mm 바늘에 걸린 앞 바늘에 있는 코와 뒷 바늘에 걸려 있는 코를 한 번에 찔러 겉뜨기로 떠줍니다. 3mm 바늘에 걸린 모든 앞, 뒤 코들을 한 번에 찔러 겉뜨기로 떠주고 나면, 3.5mm 바늘에 54 (54) 54 (54) 56 (56) 58코가 걸려 있게 됩니다. 그다음 평면뜨기 메리야스뜨기(안뜨기 1단, 겉뜨기 1단 반복)로 13 (13) 11 (11) 11 (9) 9단을 뜹니다(안뜨기 단부터 시작하여 안뜨기까지 뜨고 끝납니다).

뒤판 상단 늘림1

이제 양쪽 끝에서 진동 늘림을 시작합니다. 아래와 같이 뜹니다.

1단(겉면): 겉 3, M1L, 마지막 3코 남을 때까지 겉뜨기, M1R, 겉 3
2단(안면): 끝까지 안뜨기

1~2단을 총 8 (8) 9 (9) 9 (9) 9회 반복합니다. 그다음 1단을 1 (1) 1 (1) 1 (1) 1번 더 뜹니다. 즉, 총 9 (9) 10 (10) 10 (10) 10회의 늘림이 진행되었고, 겉면까지 뜬 상태입니다. 이제 바늘에 72 (72) 74 (74) 76 (76) 78코가 걸려 있습니다. (L) XL 사이즈는 뒤판 상단 늘림2로 진행하고, (L) XL 사이즈를 제외한 나머지 사이즈들은 모든 늘림이 끝났습니다. 실을 끊지 않고 앞/뒤판 합치기로 이동합니다.

뒤판 상단 늘림2

(L) XL 사이즈만 추가로 늘림을 더 진행해줍니다. 아래와 같이 뜹니다

1단(안면): 안 3, M1L(안), 마지막 3코 남을 때까지 안뜨기, M1R(안), 안 3
2단(겉면): 겉 3, M1L, 마지막 3코 남을 때까지 겉뜨기, M1R, 겉 3

이제 모든 늘림이 끝났습니다. 실을 끊지 않고 앞/뒤판 합치기로 이동합니다.

앞/뒤판 합치기

뒤판 늘림이 모두 끝난 상태에서, 겉면을 바라보고 감아코 4 (5) 6 (7) 8 (9) 10코를 만들고, 시작 마커를 걸고 다시 감아코 4 (5) 6 (7) 8 (9) 10코를 만들어줍니다. 쉬게 둔 앞판 코들을 다시 바늘에 끼우고, 겉면을 바라보고 앞판을 모두 겉뜨기로 떠줍니다. 이어서 감아코 8 (10) 12 (14) 16 (18) 20코를 만들고, 뒤판 겉면을 바라보고 뒤판을 모두 겉뜨기로 떠줍니다. 감아코 중간에 걸려 있는 시작 마커까지 겉뜨기로 뜹니다. 이제 앞판과 뒤판이 원통으로 연결되었습니다.

이제 원통뜨기 메리야스뜨기(겉뜨기만 반복)로 26 (26) 28 (28) 28 (30) 30cm 혹은 원하는 길이가 될 때까지 뜹니다.

몸통 겹단 마무리

3mm 바늘로 바꿔준 후, 겉뜨기로 16단(4cm)을 뜬 후 코막음한 후 겹단으로 접어 안쪽으로 느슨하게 감침질하여 마무리합니다.

> **TIP**
> 동영상을 참고하여 마지막에 코막음을 하지 않고 코가 살아 있는 상태에서 돗바늘로 코잡은 시접 부분에 한 코씩 꿰어 마무리하면 깔끔하게 마무리할 수 있습니다.

어깨 끈 뜨기

3mm 바늘(장갑 바늘을 이용하면 편합니다)을 이용하여 앞판 혹은 뒤판의 겉면을 바라보고 상단 부분에서 코를 주워 시작합니다. 매 코 매 단 코를 주워, 반대편 상단 끝부분에 도달하면 코를 줍던 바늘에 감아코로 10코를 만들어줍니다. 동영상을 참고하여 아래와 같이 뜹니다.

1단(끈 → 옷 방향): 마지막 2코 남을 때까지 [실 앞에 둔 상태에서 안뜨기 방향으로 1코 거르기, 겉 1] 반복, 실 앞에 둔 상태에서 안뜨기 방향으로 1코 거르기, 마지막 코와 주워준 코 뒤로 찔러 한 번에 겉뜨기

2단(옷 → 끈 방향): [실 앞에 둔 상태에서 안뜨기 방향으로 1코 거르기, 겉 1] 반복

평면뜨기로 뒤집어가며 1~2단을 반복하여 주워준 코를 모두 소진할 때까지 뜹니다. 바늘에 10코가 남으면 계속해서 더블니팅 평면뜨기로 뒤집어가며 [실 앞에 둔 상태에서 안뜨기 방향으로 1코 거르기, 겉 1]을 반복하여 끈 순수 길이만 21cm 될 때까지 뜹니다. 동영상을 참고하여 그라프팅(grafting) 방식으로 돗바늘로 마무리합니다. 반대편도 동일하게 뜹니다.

(HOW TO MAKE)

EAR FLAP HAT

이어 플랩 햇

10

2코 고무뜨기로 뜨는 이어 플랩 스타일 모자입니다.
먼저 머리 두껑을 평면뜨기로 떠준 후 모든 면에서 코를 주워
원통으로 머리 옆면을 만들어줍니다. 그다음 모자 앞부분 플랩, 귀 플랩을 나누어
각각 떠준 후 둘레에서 코를 주워 메리야스뜨기로 떠준 후
안쪽으로 접어 꿰매어 마무리합니다.
볼과 귀를 따뜻하게 감싸는 클래식한 디자인이 특징입니다.

참고 동영상 QR 코드

재료	솔로캐시미어(1볼 / 25g / 105m) 2 (3) 3볼
바늘	3mm, 3.5mm (케이블 40cm, 80cm)
게이지	26코 37단(3.5mm 바늘, 10 × 10cm 2코 고무뜨기 무늬)
사이즈	아이 (일반 성인) 큰 성인
머리 둘레	45 (55) 58cm

모자 뚜껑 부분 뜨기

40cm 케이블을 연결한 3.5mm 바늘에 24 (28) 32코를 잡고 아래와 같이 뜹니다.

1단(겉면): 겉 3, 마지막 1코 남을 때까지 [안 2, 겉 2] 반복, 겉 1
2단(안면): 보이는 코 모양대로 뜨기(=안 3, 마지막 1코 남을 때까지 [겉 2, 안 2] 반복, 안 1)

1~2단을 반복하여 28 (34) 34단이 될 때까지 뜹니다. 그다음 29 (35) 35단 겉면을 뜰 차례에 아래와 같이 뜹니다.

마지막 1코 남을 때까지 뜨기, 마커 걸기, 겉 1, 이제 겉면을 바라보고 옆면에서 코를 줍는데, 4코에 한 번씩 걸러가며(4코 줍고 1코 거르기 반복) 총 24 (28) 28코를 주워줍니다. 코잡은 면에서는 한 코에 하나씩 줍되, 첫 번째 코줍고 마커를 걸고, 한 코에 하나씩 주우며 마지막 3코 남았을 때 2코 줍고 마커를 걸고 마지막 코를 주워줍니다. 다시 옆면으로 돌아와서 4코에 한 번씩 걸러가며 총 24 (28) 28코를 주워줍니다. 안뜨기로 1코를 뜨고, 원통의 시작점을 표시하는 시작 마커를 걸어줍니다(시작 마커는 다른 색상으로 구분해줍니다).

모자 머리 부분과 앞머리 부분 뜨기

이제 모자 뚜껑 부분에서 원통으로 코를 주우며 시작 마커를 포함하여 마커 총 4개와 96 (112) 120코가 걸려 있는 상태입니다. [겉 2, 안 2] 규칙으로 시작 마커로 돌아올 때까지 한 단을 뜹니다. 그다음 아래와 같이 원통뜨기로 뜹니다.

1단: 시작 마커 넘기기, 두 번째 마커까지 [겉 2, 안 2] 무늬에 맞춰 뜨기, 두 번째 마커 넘기기, M1L, 세 번째 마커까지 무늬에 맞춰 뜨기, M1R, 마커 넘기기, 네 번째 마커까지 무늬에 맞춰 뜨기, 네 번째 마커 넘기기, M1L, 시작 마커까지 무늬에 맞춰 뜨기, M1R
2단: 무늬에 맞춰 뜨기(M1L, M1R해준 코는 겉뜨기로 뜹니다)
3단: 1단처럼 뜨기
4단: 무늬에 맞춰 뜨기(M1L, M1R해준 코는 겉뜨기로 뜹니다)
5단: 시작 마커 넘기기, 두 번째 마커까지 [겉 2, 안 2] 무늬에 맞춰 뜨기, 두 번째 마커 넘기기, M1L(안), 세 번째 마커까지 무늬에 맞춰 뜨기, M1R(안), 마커 넘기기, 네 번째 마커까지 무늬에 맞춰 뜨기, 네 번째 마커 넘기기, M1L(안), 시작 마커까지 무늬에 맞춰 뜨기, M1R(안)

6단: 무늬에 맞춰 뜨기(M1L(안), M1R(안)해준 코는 안뜨기로 뜹니다)

7단: 5단처럼 뜨기

8단: 무늬에 맞춰 뜨기(M1L(안), M1R(안)해준 코는 안뜨기로 뜹니다)

바늘에 112 (128) 136코가 걸려 있는 상태입니다.

이제 늘림 없이 무늬에 맞춰 원통뜨기로 뜹니다. 모자 머리 부분 옆면에서 코를 주운 부분의 중심부터 쟀을 때 9 (11) 12cm가 될 때까지 뜹니다(머리에 썼을 때 눈썹 바로 위까지 뜨면 됩니다). 그다음 아래와 같이 모자 앞머리 부분을 분리하는 분리단을 뜹니다(시작 마커를 제외한 모든 마커는 빼도 됩니다).

분리단: 시작 마커 넘기기, 26 (30) 32코 무늬에 맞춰 뜨기, 코막음 4 (4) 4코, 시작 마커 8 (8) 6코 전까지 무늬에 맞춰 뜨기, 코막음 4 (4) 4코, 시작 마커까지 무늬에 맞춰 뜨기

이제 바늘에 시작 마커 전으로 4 (4) 2코, 시작 마커 다음으로 26 (30) 32코가 걸려 있습니다(양 옆으로는 코막음 부분 때문에 진행이 되지 않습니다). 시작 마커를 빼고, 26 (30) 32코를 무늬에 맞춰 뜹니다. 이제 바늘에 걸려 있는 30 (34) 34코로만 작업하며 평면 뜨기(편물을 앞뒤로 뒤집어가며 목도리 뜨듯이)로 무늬에 맞춰 앞머리 덮개 부분이 5.5cm가 될 때까지 뜹니다. 코막음 전후로 케이블에 걸려 있는 코(추후 모자 뒷부분과 귀 양쪽 부분이 됩니다)들은 자투리 실에 빼두어도 좋습니다. 안면까지 뜨고 다음 단은 겉면입니다. 이제 아래와 같이 되돌아뜨기로 뜨며 끝부분을 동그랗게 줄여줍니다.

1단(겉면): 마지막 1코 남을 때까지 무늬에 맞춰 뜨기, 턴
2단(안면): 마지막 1코 남을 때까지 무늬에 맞춰 뜨기, 턴
3단(겉면): 마지막 3코 남을 때까지 무늬에 맞춰 뜨기, 턴
4단(안면): 마지막 3코 남을 때까지 무늬에 맞춰 뜨기, 턴
5단(겉면): 마지막 5코 남을 때까지 무늬에 맞춰 뜨기, 턴
6단(안면): 마지막 5코 남을 때까지 무늬에 맞춰 뜨기, 턴
7단(겉면): 무늬에 맞춰 뜨며 턴 정리하며 끝까지 뜨기
8단(코막음): 무늬에 맞춰 뜨며 턴 정리하며 [코막음]

모자 뒷부분과 귀 부분 뜨기

모자 뒷부분과 귀 부분이 될 코들을 다시 3.5mm 바늘에 끼우고, 겉면을 바라보고 새 실을 걸어서 무늬에 맞춰서 평면뜨기로 2cm(약 8단)를 뜹니다. 안면까지 뜨고 다음 단은 겉면입니다. 그다음 아래와 같이 뜹니다.

겉면 바라보고 26 (30) 34코 무늬에 맞춰 뜨기, 22 (26) 26코 코막음, 나머지 코 무늬에 맞춰 뜨기

오른쪽 덮개

이제 바늘에 걸린 26 (30) 34코로만 작업합니다. 반대편에 있는 26 (30) 34코들은 자투리 실에 빼서 쉬게 둡니다. 평면뜨기로 무늬에 맞춰 뒷부분 코막음 지점으로부터 11 (14) 14cm가 될 때까지 뜹니다. 안면까지 뜨고 다음 단은 겉면입니다. 이제 아래와 같이 뜨며 코를 줄여 끝부분을 동그랗게 줄여줍니다.

1단(겉면): 마지막 2코 남을 때까지 무늬에 맞춰 뜨기, 턴
2단(안면): 마지막 2코 남을 때까지 무늬에 맞춰 뜨기, 턴
3단(겉면): 마지막 5코 남을 때까지 무늬에 맞춰 뜨기, 턴
4단(안면): 마지막 5코 남을 때까지 무늬에 맞춰 뜨기, 턴
5단(겉면): 마지막 9코 남을 때까지 무늬에 맞춰 뜨기, 턴
6단(안면): 마지막 9코 남을 때까지 무늬에 맞춰 뜨기, 턴
7단(겉면): 무늬에 맞춰 뜨며 턴 정리하며 끝까지 뜨기
8단(코막음): 무늬에 맞춰 뜨며 턴 정리하며 [코막음]

왼쪽 덮개

왼쪽 덮개는 오른쪽 덮개와 같은 방법으로 뜹니다. 쉬게 둔 코들을 다시 3.5mm 바늘에 끼우고 겉면을 바라보고 새 실을 걸어 뜨기 시작합니다. 평면뜨기로 무늬에 맞춰 뒷부분 코막음 지점으로부터 11 (14) 14cm 될 때까지 뜹니다. 안면까지 뜨고 다음 단은 겉면입니다. 이제 아래와 같이 되돌아뜨기로 뜨며 끝부분을 동그랗게 줄여줍니다.

1단(겉면): 마지막 2코 남을 때까지 무늬에 맞춰 뜨기, 턴
2단(안면): 마지막 2코 남을 때까지 무늬에 맞춰 뜨기, 턴
3단(겉면): 마지막 5코 남을 때까지 무늬에 맞춰 뜨기, 턴
4단(안면): 마지막 5코 남을 때까지 무늬에 맞춰 뜨기, 턴
5단(겉면): 마지막 9코 남을 때까지 무늬에 맞춰 뜨기, 턴
6단(안면): 마지막 9코 남을 때까지 무늬에 맞춰 뜨기, 턴
7단(겉면): 무늬에 맞춰 뜨며 턴 정리하며 끝까지 뜨기
8단(코막음): 무늬에 맞춰 뜨며 턴 정리하며 [코막음]

모자 둘레 뜨기

80cm 케이블을 연결한 3mm 바늘을 이용하여 모자 뒷부분 중앙부터 겉면을 바라보고 코를 주워줍니다. 단 부분과 코 부분 모두 3단마다 2코(2코 줍고 1코 거르기)씩 주워줍니다(앞머리 부분이 넓었으면 하는 사람들은 앞머리 부분만 한 코에 하나씩 주워주세요). 코를 주울 때에는 동영상을 참고하여 튀는 색상 얇은 실을 한 가닥 걸치면서 잡아주어야 나중에 감침질을 할 때 쉽게 할 수 있습니다. 코를 다 주웠으면 시작 마커를 걸고 원통뜨기로 겉뜨기 10단(약 2.7cm)을 뜬 후 코잡은 부분에 동영상을 참고하여 그라프팅(grafting) 방법으로 깔끔하게 마무리합니다.

모자 끈 뜨기

모자 끈은 3mm 바늘(장갑바늘을 이용하면 편리합니다)을 이용하여 더블니팅 편물이 되도록 뜹니다. 귀 부분 끝의 겉면 부분을 바라보고 V자 코 사이에서 4코를 줍고, 바로 맞은편 안쪽 부분에서 V자코 사이에서 4코를 마저 주워줍니다. 동영상을 참고하여 앞에서 주운 4코와 뒤에서 주운 4코를 번갈아가며 한 바늘에 옮긴 후 끈 길이가 23cm 될 때까지 더블니팅*으로 뜨고, 1코 고무단 돗바늘 마무리로 코막음하여 마무리합니다.

***더블니팅 뜨는 방법**
[실 앞에 둔 상태에서 안뜨기 방향으로 1코 거르기, 겉 1] 반복

HOW TO MAKE

MERINOBLEND BEANIE MITTENS

메리노블렌드 비니 장갑

11

S 사이즈는 웬만한 성인 여성, (M) 사이즈는 손이 큰 성인 여성과
대부분의 성인 남성에 맞는 사이즈입니다.
손가락 길이와 손바닥 길이는 뜨면서 조절이 가능하며,
손바닥 폭이나 손가락 폭은 조절이 되지 않기 때문에 손가락 길이는 짧지만
손바닥이나 손가락 두께가 두꺼운 사람은 (M) 사이즈,
손바닥 폭이나 손가락 두께는 얇고 손가락이 긴 사람은 S 사이즈를 추천합니다.

참고 동영상 QR 코드

재료	메리노블렌드(1볼 / 50g / 180m) 2볼, 삼각모양 떡볶이 단추 20mm 2개
바늘	3mm(케이블 80cm)
게이지	29코 39단(3mm 바늘, 10 × 10cm 메리야스 무늬)
사이즈	S (M)

코잡기

3mm 바늘에 원형으로 40 (48)코를 잡아줍니다.

> **TIP**
> 장갑 같은 경우 원형뜨기로 뜨기에는 콧수가 많지 않아 코를 반반 나누어 매직루프 방식을 사용하여 뜨게됩니다.

시작 마커를 걸고 2코 고무뜨기(겉 2, 안 2)로 4cm를 떠줍니다. 고무단이 끝나면 바늘 사이즈를 바꾸지 않고 3mm 바늘로 계속 작업하며, 늘림 없이 6단을 겉뜨기로 떠줍니다. 그다음 엄지손가락과 손바닥/손등 구분을 위해 아래와 같이 겉뜨기로 뜨며 마커를 걸어줍니다.

겉뜨기 19 (23)코(손바닥 / 손등 부분), 마커 걸기, 겉뜨기 2 (2)코 (엄지손가락 부분), 마커 걸기, 겉뜨기 19 (23)코(손바닥 / 손등 부분)

엄지손가락 코늘림과 분리

아래 1~3단을 6 (7)번 반복하여 엄지손가락 부분을 늘려줍니다.

1단: 엄지손가락 마커까지 겉뜨기, 마커 넘기기, M1L, 마커까지 겉뜨기, M1R, 마커 넘기기, 시작 마커까지 겉뜨기
2단: 전부 겉뜨기
3단: 전부 겉뜨기

이제 엄지손가락 코가 14 (16)코가 되었습니다. 늘림 없이 3 (4)단 혹은 착용했을 때 엄지손가락 갈라지는 부분에 도달할 때까지 겉뜨기로 떠줍니다. 그다음 아래와 같이 뜨며 엄지손가락을 분리해줍니다(분리하면서 시작 마커를 제외한 모든 마커는 빼줍니다).

엄지손가락 마커까지 겉뜨기, 14 (16)코 자투리 실에 빼두기, 감아코 4 (5), 시작 마커까지 겉뜨기

이제 바늘에 42 (51)코가 걸려 있습니다. 늘림 없이 15 (17)단 혹은 새끼손가락 갈라지는 부분까지 겉뜨기로 떠줍니다.

새끼손가락 분리 ✕

아래와 같이 뜨며 새끼손가락을 분리해줍니다.

시작 마커 5 (6)코 전까지 겉뜨기, 10 (12)코 자투리 실에 빼두기(시작 마커는 빼줍니다), 감아코 3 (4), 시작 마커 걸기, 나머지 코 모두 겉뜨기

이제 바늘에 35 (43)코가 걸려 있습니다. 겉뜨기로 3단 혹은 검지, 중지, 약지 손가락 갈라지는 부분까지 맞춰 떠줍니다.

검지 뜨기 ✕

아래와 같이 뜨며 나머지 두 손가락을 분리하고 검지 부분을 떠줍니다.

23 (28)코 겉뜨기, 23 (28)코 자투리 실에 빼놓기, 감아코 3 (4)코 만들기

이제 바늘에 15 (19)코가 걸려 있습니다. 겉뜨기로 13 (15)단을 뜬 후, 코막음하여 마무리합니다.

중지 뜨기 ✕

자투리 실에 빼둔 코 중 앞쪽에서 5 (6)코를 다시 바늘에 끼우고, 검지에서 감아코로 3 (4)코를 만들어준 부분에서 3 (4)코를 줍고, 자투리 실에 빼둔 코 중 뒤쪽에 있는 5 (6)코를 반대쪽 바늘에 끼우고 겉뜨기로 모두 떠줍니다. 감아코로 3 (4)코를 만들고 앞쪽에 있던 5 (6)코를 겉뜨기로 떠줍니다. 이제 바늘에 16 (20)코가 걸려 있습니다. 겉뜨기로 13 (15)단을 떠준 후, 코막음하여 마무리합니다.

약지 뜨기 ✕

자투리 실에 남은 13 (16)코를 다시 바늘에 끼우고 중지에서 감아코로 3 (4)코를 만들어준 부분에서 3 (4)코를 주워줍니다.

이제 바늘에 16 (20)코가 걸려 있습니다. 겉뜨기로 13 (15)단을 떠준 후, 코막음하여 마무리합니다.

새끼손가락 뜨기

새끼손가락으로 빼둔 10 (12)코를 다시 바늘에 끼우고 감아코로 3 (4)코를 만들어준 부분에서 3 (4)코를 주워줍니다.
이제 바늘에 13 (16)코가 걸려 있습니다. 겉뜨기로 11 (13)단을 떠준 후, 코막음하여 마무리합니다.

엄지손가락 뜨기

엄지손가락으로 빼둔 14 (16)코를 다시 바늘에 끼우고 감아코로 4 (5)코를 만들어준 부분에서 4 (5)코를 주워줍니다. 이제 바늘에 18 (21)코가 걸려 있습니다. 엄지손가락 길이에 맞추어 떠준 후 모든 코들을 2코 한 번에 겉뜨기하고 마지막 1코가 남을 경우 겉 1로 떠서 코를 줄인 다음 실을 자르고 돗바늘로 실을 코에 통과시켜 오므려줍니다. 손가락 안쪽으로 실을 통과시킨 후 매듭을 한 번 짓고 사이사이로 숨겨 잘라서 마무리합니다.

덮개 뜨기

덮개도 장갑과 마찬가지로 매직 루프 방식으로 코를 반반 나누어 뜹니다. 3mm 바늘에 주디스 매직 캐스트 온(Judy's Magic Cast-on) 방식으로 한쪽 바늘당 10 (12)코씩 잡아 총 20 (24)코를 잡아줍니다. 그리고 다음과 같이 떠줍니다.

> **TIP**
> 매직 루프의 경우 첫 번째 바늘과 두 번째 바늘을 모두 다 떠야 1단입니다.

1단(셋업단): 첫 번째 바늘 - 모두 겉뜨기 / 두 번째 바늘 - 뒤로 찔러 모두 겉뜨기
2단(늘림단): 첫 번째 바늘 - [겉 1, M1L, 첫 번째 바늘 마지막 1코 남을 때까지 겉뜨기, M1R, 겉 1]
두 번째 바늘 - [겉 1, M1L, 두 번째 바늘 마지막 1코 남을 때까지 겉뜨기, M1R, 겉 1]
3단: 모두 겉뜨기

2~3단을 총 6 (8)번 반복합니다. 이제 한쪽 바늘에 22 (28)코씩, 총 44 (56)코가 걸려 있습니다. 그다음 겉뜨기로 2단을 뜹니다.

이제 아래와 같이 뜨며 단춧구멍을 만들어줍니다.

1단(겉면): 첫 번째 바늘 11 (14)코 겉뜨기, 편물 뒤집기
2단(안면): 첫 번째 바늘 11 (14)코 안뜨기, 두 번째 바늘 모두 안뜨기, 첫 번째 바늘 11 (14)코 안뜨기, 편물 뒤집기
3단(겉면): 첫 번째 바늘 11 (14)코 겉뜨기, 두 번째 바늘 모두 겉뜨기

이제 단춧구멍이 생기고, 시작점 부분으로 돌아왔습니다. 이제 겉뜨기로 16단을 뜹니다.

덮개 겹단 뜨기

아래와 같이 뜨며 덮개 끝부분 겹단을 떠줍니다.

1단(셋업단): [겉 1, 감아코 1] 반복(첫 번째 바늘과 두 번째 바늘 모두 동일하게 작업해줍니다)
2단(안면 작업단): [실 뒤에 둔 상태에서 겉뜨기 코 안뜨기 방향으로 거르기, 안 1] 반복(첫 번째 바늘과 두 번째 바늘 모두 동일하게 작업해줍니다)
3단(겉면 작업단): [겉 1, 실 앞에 둔 상태에서 안뜨기 코 안뜨기 방향으로 거르기] 반복(첫 번째 바늘과 두 번째 바늘 모두 동일하게 작업해줍니다)

2~3단을 총 5 (7)회 반복해줍니다. 1코 고무단 돗바늘 마무리로 코막음합니다. 다 떠준 덮개는 손등 새끼손가락 갈라지는 부분 3단 아래 지점에서 연결해줍니다. 덮개를 몸통에 연결할 때에는 단춧구멍 부분이 손등으로 가도록 한 후, 돗바늘과 메리노블렌드 1겹을 이용해 감침질로 이어줍니다. 이때, 왼손 장갑은 엄지손가락이 덮개의 오른쪽에 가도록, 오른손 장갑은 엄지손가락이 덮개의 왼쪽에 가도록 놓고 연결해주어야 합니다. 덮개를 연결해주었으면 손등 덮개 부분의 단춧구멍과 마주보는 부분에 단추를 달아줍니다.

> **TIP**
> 위치를 잡을 때에 왼손 장갑은 왼손에 끼고, 오른손 장갑은 오른손에 낀 채로 덮개와 단추의 자리를 잡아주면 좋습니다.

마무리

코를 주워준 부분에서 구멍이 난 곳이 있다면 돗바늘에 코줍고 남은 꼬리실을 이용하여 왔다갔다하며 메워서 마무리합니다. 나머지 꼬리실도 모두 정리해줍니다.

HOW TO MAKE

MERINOBLEND SAILOR SCARF

메리노블렌드 세일러 스카프

12

가터 무늬로 뜨는 세일러 스트라이프 스카프입니다.
스카프의 가로 길이만큼 코를 잡아 양 끝에서 코를 늘려가며
스트라이프를 넣어가며 만들어줍니다.
하늘색 바탕에 흰색과 와인 색상이 번갈아가며 나타나는 세일러 패턴이 특징입니다.
코를 잡은 만큼 스카프의 길이 조절이 가능하며,
스트라이프 반복의 추가로 폭 조절이 가능합니다.

참고 동영상 QR 코드

재료	메리노블렌드(1볼 / 50g / 180m)
	0904 스톤 - 26g, 0046 아란 - 18g,
	3392 보르도 - 4g
바늘	4.5mm, 3.5mm(케이블 80cm)
게이지	22코 54단(3.5mm 바늘, 10 × 10cm 가터 무늬)
사이즈	가로 110cm, 세로 6cm

코잡기 ✕

코를 잡을 때와 코막음을 할 때만 4.5mm 바늘을 사용하며, 나머지 부분은 모두 3.5mm 바늘로 뜹니다. 4.5mm 바늘을 이용하여 260코를 잡아줍니다.

스카프 뜨기

3.5mm 바늘로 바꾸고, 아래와 같이 두 단에 한 번 코늘림을 하며 단마다 색상을 맞춰 떠줍니다(색상이 바뀔 때 마다 실을 끊어줍니다).

1단(하늘색): 모두 겉뜨기
2단(하늘색, 코늘림): 겉 2, kfb, 마지막 3코 남을 때까지 겉뜨기, kfb, 겉 2
3단(하늘색): 모두 겉뜨기
4단(하늘색, 코늘림): 겉 2, kfb, 마지막 3코 남을 때까지 겉뜨기, kfb, 겉 2
5단(하늘색): 모두 겉뜨기
6단(하늘색, 코늘림): 겉 2, kfb, 마지막 3코 남을 때까지 겉뜨기, kfb, 겉 2
7단(하늘색): 모두 겉뜨기
8단(하늘색, 코늘림): 겉 2, kfb, 마지막 3코 남을 때까지 겉뜨기, kfb, 겉 2
9단(하늘색): 모두 겉뜨기
10단(흰색, 코늘림): 겉 2, kfb, 마지막 3코 남을 때까지 겉뜨기, kfb, 겉 2
11단(흰색): 모두 겉뜨기
12단(흰색, 코늘림): 겉 2, kfb, 마지막 3코 남을 때까지 겉뜨기, kfb, 겉 2
13단(와인색): 모두 겉뜨기
14단(흰색, 코늘림): 겉 2, kfb, 마지막 3코 남을 때까지 겉뜨기, kfb, 겉 2
15단(흰색): 모두 겉뜨기
16단(흰색, 코늘림): 겉 2, kfb, 마지막 3코 남을 때까지 겉뜨기, kfb, 겉 2
17단(하늘색): 모두 겉뜨기
18단(하늘색, 코늘림): 겉 2, kfb, 마지막 3코 남을 때까지 겉뜨기, kfb, 겉 2
19단(하늘색): 모두 겉뜨기
20단(하늘색, 코늘림): 겉 2, kfb, 마지막 3코 남을 때까지 겉뜨기, kfb, 겉 2
21단(하늘색): 모두 겉뜨기
22단(하늘색, 코늘림): 겉 2, kfb, 마지막 3코 남을 때까지 겉뜨기, kfb, 겉 2
23단(하늘색): 모두 겉뜨기
24단(하늘색, 코늘림): 겉 2, kfb, 마지막 3코 남을 때까지 겉뜨기, kfb, 겉 2
25단(하늘색): 모두 겉뜨기
26단(흰색, 코늘림): 겉 2, kfb, 마지막 3코 남을 때까지 겉뜨기, kfb, 겉 2
27단(흰색): 모두 겉뜨기
28단(흰색, 코늘림): 겉 2, kfb, 마지막 3코 남을 때까지 겉뜨기, kfb, 겉 2
29단(와인색): 모두 겉뜨기
30단(흰색, 코늘림): 겉 2, kfb, 마지막 3코 남을 때까지 겉뜨기, kfb, 겉 2
31단(흰색): 모두 겉뜨기
32단(흰색, 코막음): 4.5mm 바늘로 모두 코막음

꼬리실을 모두 돗바늘로 정리하여 코막음합니다.

HOW TO MAKE

DOUBLE KNITTING PADDING MUFFLER

더블니팅 패딩 목도리

13

더블니팅 패딩 목도리는 더블니팅 방식으로 제작됩니다. 흔들코로 코를 잡고 더블니팅으로 떠준 후,
더블니팅 버튼밴드를 뜨는 것과 같은 원리로 목도리가 끼워질 수 있는 구멍 만들어주고 합쳐줍니다.
더블니팅 방식은 오래 걸리고 손에 피로감이 높기 때문에, 중간부터는 코를 나눠 매직 루프로 작업합니다.
키치너스티치로 코막음하여 마무리합니다. 더블니팅 구조로 떠지기 때문에 안에 공간이 생겨 빵빵하게
패딩처럼 만들 수 있습니다. 자투리 실을 넣어 자투리 실을 소진하기에도 좋고, 안쓰는 인형, 쿠션,
패딩의 충전재를 재활용해도 좋습니다. 라벨로 포인트를 주면 시중에 파는 것 같은 스타일로 완성됩니다.
방법만 안다면 원하는 폭과 길이로 자유자재로 떠볼 수 있습니다.

참고 동영상 QR 코드

재료	테디울(1볼 / 95g / 125m) 2볼
바늘	6mm(케이블 80cm)
게이지	14코 20단(6mm 바늘, 10 × 10cm 메리야스 무늬)
사이즈	폭 12cm, 길이 80cm
모델 착용 사이즈	ONE SIZE

코잡기, 구멍 아랫부분 뜨기

80cm 케이블을 연결한 6mm 바늘에 안뜨기로 시작하는 흔들코로 32코를 잡아줍니다. 폭 조절을 원하면 4의 배수로 맞춰줍니다. 폭을 조절하는 경우 구멍 만들기 부분에서 목도리에 끼워질 수 있도록 폭과 같은 높이로 구멍 크기를 조정해주어야 하니 참고해주세요. 아래와 같이 뜹니다.

1단(앞면): (실 앞에 두고 안뜨기 방향으로 1코 거르기, 겉 1) 반복
2단(뒷면): (실 앞에 두고 안뜨기 방향으로 1코 거르기, 겉 1) 반복

1~2단을 반복하여 12cm가 될 때까지, 혹은 코잡은 부분의 길이와 같은 높이가 될 때까지 뜹니다. 두 단(앞면 한 단, 뒷면 한 단)을 떠야 더블니팅으로 1단이 완성되며, 코잡고 남은 꼬리실과 뜨는 실이 같은 방향에서 나오고 있어야 더블니팅 한 단이 다 떠진 상태입니다. 꼬리실이 오른쪽에서 나오고 있는 면을 앞면으로 지칭할 것이기 때문에, 앞면을 구분하기 위해 단수표시링을 하나 걸어둡니다. 뒷면까지 뜨고 끝나며 다음 단은 앞면입니다.

구멍 만들기

12cm 혹은 코잡은 부분의 길이와 같은 높이가 될 때까지 다 떠졌으면, 이제 반으로 나눠 각각 뜨며 구멍을 만들어줄 차례입니다. 먼저 16코 혹은 잡아준 전체 콧수의 반만큼 더블니팅 패턴대로 뜬 후, 평면뜨기로 뜨듯이 뒤집어줍니다. 나머지 코들은 안전핀이나 여분의 실에 빼서 쉬게 둡니다. 이제 바늘에 걸린 16코 혹은 반만큼의 코로만 작업합니다. 다시 더블니팅 패턴대로 뒷면을 마저 떠줍니다. 이제 더블니팅으로 한 단이 완성되었습니다. 지금 코 잡고 남은 꼬리실과 뜨는 실이 같은 위치에서 나오고 있는 상태입니다. 단수 카운팅을 위해 코를 나눠서 떠준 첫 번째 앞면에 단수표시링을 걸어 첫단을 표시합니다. 지금 바늘에 걸려 있는 코로만 더블니팅으로 17단(혹은 목도리의 폭과 같은 높이가 되는 만큼의 단)이 될 때까지 떠주되, 앞면 17단까지만 뜨고 뒷면 17단은 뜨지 않고 실을 끊고, 안전핀이나 여분의 실에 옮겨서 쉬게 둡니다. 즉, 뒷면은 한 단이 덜 떠진 채 목도리의 안쪽에서 실이 끝납니다. 17번째 뒷면은 반대쪽을 다 뜨고 두 부분을 합치면서 떠줄 예정입니다. 오른쪽 부분이 끝났습니다.

목도리의 앞면을 바라보고 쉬게 둔 코들을 바깥에서 안쪽 방향으로 바늘에 끼워줍니다. 새 실을 걸어 목도리의 안쪽 부분부터 시작합니다. 앞면을 더블니팅 패턴대로 뜨고, 단수 카운팅을 위해 단수표시링을 걸고, 뒷면도 더블니팅 패턴대로 뜹니다. 이제 더블니팅으로 한 단이 완성된 상태입니다.

왼쪽 부분도 더블니팅으로 17단(사이즈를 조절했다면 반대편 부분과 같은 단수로 맞춰줍니다)을 떠주되, 뒷면까지 모두 떠줍니다. 뒷면을 바라보고 있는 상태에서, 쉬게 둔 코들을 바깥에서 안쪽 방향으로 코를 다시 끼우고 더블니팅 패턴대로 떠줍니다.

이제 다시 양쪽 부분이 합쳐졌습니다.

나머지 뜨기 ✕ 양쪽 부분이 합쳐진 상태에서 더블니팅 패턴대로 3단을 떠준 후, 매직 루프로 작업하며 안에 충전재를 채울 수 있도록 코를 나눠줍니다. 뜨는 실과 반대편에 있는 코부터 옮겨줘야 하기 때문에, 반대편 빈 바늘로 코를 밀어줍니다. 이제 뜨는 실은 바늘 끝부분과 반대 방향에 있는 상태입니다. 이제 코가 걸려 있는 바늘은 오른손에 쥐고, 6mm 바늘보다 사이즈가 작은 아무 바늘과 기존에 뜨던 6mm 빈 바늘을 왼손에 잡아줍니다. 왼손에 잡고 있는 바늘에 겉뜨기코와 안뜨기 코를 번갈아가며 뜨지 않고 옮겨줍니다. 겉뜨기 코부터 시작하여 앞쪽에 있는 바늘에는 겉뜨기 코만, 뒤쪽에 있는 바늘에는 안뜨기 코만 번갈아가며 옮깁니다. 작은 사이즈에 옮겨뒀던 코들을 다시 6mm 바늘에 끼우되, 뜨는 실과 바늘 두개의 끝이 같은 방향에서 나올 수 있도록 다시 끼워줍니다. 이제 매직 루프로 뜰 수 있는 상태가 되었습니다.

전체 길이가 80cm가 될 때까지 안쪽에 충전재를 채워가며 매직 루프 방식으로 겉뜨기로 떠줍니다. 뒷면까지 떠준 후, 앞면을 뜰 차례에 다시 더블니팅 형태로 코를 합쳐줍니다. 6mm바늘보다 작은 바늘을 이용하여 뒤쪽에 있는 바늘부터 안뜨기코, 겉뜨기코를 번갈아가며 합쳐줍니다. 뜨는 실과 반대편부터 다시 6mm 바늘로 코를 옮기고 1코 고무단 돗바늘 마무리로 코막음합니다. 꼬리실을 이용해 구멍 부분 이음새에 있는 구멍을 닫아가며 꼬리실을 정리하여 마무리합니다.

HOW TO MAKE

DAILY SHORT BEENIE

데일리 숏 비니

14

데일리 숏 비니는 원통 메리야스뜨기로 시작하여 모자 아랫부분을 겹단으로 합쳐주고,
정수리 부분으로 갈수록 균등하게 코를 줄여 마무리합니다.
머리에 썼을 때 머리가 조이거나 눌리지 않고 핏이 예쁘게 떨어지기 때문에
데일리로 착용하기 좋은 디자인입니다. 대부분의 50g 실 한 볼로 뜰 수 있기 때문에
애매하게 남는 실을 처리하기에도 좋습니다. 적당히 맞게 쓰고 싶다면
일반 성인 사이즈를, 넉넉하게 쓰고 싶다면 큰 성인 사이즈를 추천합니다.

참고 동영상 QR 코드

재료	홈스펀(1볼 / 50g / 175m) 1볼
	혹은 새틴 알파카 모헤어(1볼 / 20g / 195m) 2볼(2겹 사용)
바늘	4mm(케이블 60cm 혹은 80cm)
게이지	26코 34단(4mm 바늘, 10 × 10cm 메리야스 무늬)
사이즈	만 1세 (만 4세~9세) 일반 성인 (큰 성인)
머리둘레	46 (50) 55 (58)cm
모자길이	13.5 (15) 16 (19)cm
모델 착용 사이즈	일반 성인

60cm 케이블을 연결한 4mm 바늘에 일반 코잡기로 92 (100) 108 (112)코를 잡아줍니다. 시작 마커를 걸고 원통뜨기로 다음과 같이 떠줍니다.

평단(겉면): 시작 마커까지 겉뜨기

위 평단을 12 (14) 14 (16)cm가 될 때까지 떠줍니다. 다 떠준 편물을 겉면이 보이도록 반을 접어준 후, 처음 코를 잡아준 부분에서 맞대응되도록 한가닥을 건져올려 한 번에 겉뜨기로 떠줍니다. 시작 마커로 돌아올 때까지 모든 코를 코 잡아준 부분과 함께 겉뜨기로 떠주면 모자 겹단 부분이 완성됩니다. 그리고 다시 위 평단을 15 (15) 17 (20)단을 더 떠줍니다. 그다음 아래와 같이 겉뜨기로 뜨면서 마커를 걸어줍니다. 이때 걸려 있는 시작 마커와 구분 될 수 있는 색으로 마커를 걸어주면 좋습니다.

마커단(겉면): [23 (25) 27 (28)코 겉뜨기, 마커 걸기]를 3 번 반복 후, 시작 마커까지 겉뜨기

위 마커단을 떠주고 나면 시작 마커를 포함하여 총 4개의 마커가 걸려 있게 됩니다. 그리고 아래와 같이 2단에 1번 코줄임을 시작합니다.

1단(줄임단): [ssk, 마커 2코 전까지 겉뜨기, K2tog] 를 4번 반복(마커는 만나면 넘겨줍니다)
2단(평단): 시작 마커까지 겉뜨기

1~2단을 총 5 (5) 6 (7)번 반복합니다. 각 마커 사이에는 13 (15) 15 (14)코가 걸려 있게 됩니다. 이제부터는 매 단 줄여줍니다. 위 1단(줄임단)을 총 4 (6) 6 (5)번 반복해줍니다. 각 마커 사이에는 5 (3) 3 (4)코가 걸려 있게 됩니다.
이제 시작 마커를 제외한 모든 마커는 빼면서, 다음과 같이 줄임단을 떠줍니다.

줄임단(겉면): 시작 마커까지 K2tog 반복

위 줄임단을 떠주고 나면 바늘에는 총 10 (6) 6 (8)코가 걸려 있습니다. 실을 자르고, 돗바늘을 연결하여 모든 코를 통과시켜 오므려준 후 꼬리실은 모자의 안쪽에서 정리해줍니다. 처음 코잡은 꼬리실도 정리합니다. 꼬리실을 다 정리했으면 라벨을 겹단 부분에 실과 바늘을 이용하여 달아줍니다.

김대리의 데일리 뜨개

초판 1쇄 발행 2023년 11월 8일
초판 8쇄 발행 2025년 11월 24일

지은이 바늘이야기 김대리

발행인 윤승현 **단행본 사업본부장** 신동해 **편집장** 김경림
책임편집 박주연 **편집진행** 정인경(인스튜디오) **디자인** studio Ain
마케팅 최혜진 이은미 **홍보** 반여진 허지호 송임선

브랜드 웅진리빙하우스
주소 경기도 파주시 회동길 20 ㈜웅진씽크빅
문의전화 031-956-7213(편집) 02-3670-1123(마케팅)
홈페이지 www.wjbooks.co.kr
인스타그램 www.instagram.com/woongjin_readers
페이스북 https://www.facebook.com/woongjinreaders
블로그 blog.naver.com/wj_booking

발행처 ㈜웅진씽크빅
출판신고 1980년 3월 29일 제406-2007-000046호

ⓒ 바늘이야기 김대리, 2023

ISBN 978-89-01-27652-6(13590)

웅진리빙하우스는 ㈜웅진씽크빅 단행본사업본부의 브랜드입니다.
저작권법에 의해 한국 내에서 보호를 받는 저작물이므로 무단전재와 무단복제를 금합니다.
이 책 내용의 전부 또는 일부를 이용하려면 반드시 저작권자와 ㈜웅진씽크빅의 서면 동의를 받아야 합니다.

* 책값은 뒤표지에 있습니다.
* 잘못된 책은 구입하신 곳에서 바꿔드립니다.